マンマ・ミーア!
スペイン、イタリア、モロッコ安宿巡礼記

もりともこ

幻冬舎文庫

マンマ・ミーア！

スペイン、イタリア、モロッコ安宿巡礼記

もくじ

まえがき

なぜ12もの宿でボランティアをしたのか？

好きな言葉は「タダ」、「無料」。

こんな私が2015年の夏にスペインの巡礼宿ではじめてボランティアを始めたきっかけは、「ボランティアスタッフとして巡礼宿に住み込めば、宿代がタダ。ひと夏、家賃がタダになるじゃん！」と、家賃を節約しながらスペインで暮らす道を探した末のことだった。

労働力とひきかえに、お金ではなくベッドと食事が与えられるのだから「無料」とも「タダ」とも「ダータ―（昭和の業界用語）」とも違うのかもしれないけれど、とにかく離婚以降、日本に拠点を持たずに世界を転々とし、旅作家の仕事からも物価の高いジャパンからも離れていた身としては、これこそ自分の進むべき道のように思えた。

それまで「ボランティア」といえば黄色いTシャツを着て地球を救うために募金を募ったり、海外で恵まれない子供たちのために体当たりで尽くしたりする人たちのイメージしかなく、自分とはかけ離れた〝クリーンないい人たち〟がやるものだと思っていた。

しかし世の中には、ステキなごほうびがもらえるボランティアがあるなんて！　しかもスペインの巡礼宿で働けば「タダでスペイン語が上達するかも」と思った。ついでに「タダでかっこいい巡礼者とも出会い放題かも。ボランティア仲間と恋に落ちたりして～」と、夏のドラマまで想像してわくわくした。打算だらけだ。しかも夢見がちだが、この時すでに42歳のオバハンだ。

〝アルベルゲ〟と呼ばれるスペインの巡礼宿をはじめて利用したのは37歳の夏のこと。フリーライターとしての仕事が激減して悩んでいた時に、9年連れ添ったイギリス人の元夫に「リコンをクダサイ」と言われて、無宗教のくせにカトリック教徒の巡礼の道、カミーノ・デ・サンティアゴを９００キロ歩いてしまった。９００キロっていうと、東京から広島のちょい先ぐらいまでの長――い距離。

人生につまずくと、どうやらバカヂカラが出る性分らしい。そしてその翌年には四国へ行き、四国霊場を、88か所どころか１０８か所歩いてまわってしまった。その道のり１６００キロ。おへんろさん、おかげでサッパリ離婚もできました！

スペインで巡礼をした時に、巡礼宿には〝オスピタレーロ〟と呼ばれるボランティアスタッフがいることを知った。

巡礼手帳にスタンプを押したり、宿の掃除や夕食の準備をしたりして巡礼者たちに慕われながら働くオスピタレーロを見て「いいな！」と思った。ハードな巡礼をやらないで世界じゅうからやってくる巡礼者たちと盛り上がれるなんて「オイシイな！」と思った。おまけに家賃の心配もいらない。これはいつか自分もやるしかない、と思った。

とはいえ、当分はカミーノのお世話になることはないだろうと思っていたのに、4年後の2014年の秋の終わりに、私はまたカミーノの道に立っていた。それもまたもや、巡礼者として。

亡き母と歩いたカミーノ

同じ年の1月に、母が68歳で逝ってしまった。

元気がとりえだった母が間質性肺炎という難病にかかり、発病から3年、最後の年に病の進行スピードが加速してからはあっというまだった。ホント、あっちゅーま。人生、あっちゅーま。

母が亡くなる2か月前に、入院していた病院の大部屋から個室へ移されると、バックパッカーでもある中年娘（私、3人姉妹の真ん中）は、旅でいつも使っている寝袋とヘッドライトを持ち込んで、母の隣のソファーに寝泊まりした。

1日24時間付きっきり、一緒に食べて喋って、少しは笑って、母と暮らした最期の55日間。それはとても貴重で、やさしい時間でもあったけれど、同時に自分の母親が死に向かっていく過程をすべてこの目で見なければいけない試練でもあった。

体の機能が日に日に衰えて、薬の副作用でボケていく母。肺が縮まって、息ができなくなる苦しみを味わう病気の最期は拷問だった。毎日が、目を覆いたくなる地獄絵図の連続。展開が激しすぎて入院生活では泣いているヒマもないまま、〝その時〟はズドンとやってきた。ハイ、さようなら。あっけなく、すべてが終わってしまった。

母の四十九日がすむと、「一周忌には戻ります」と父に言って旅に出た。いったんひとりになって、気持ちを整理したかった。

行き先は行ったことのなかった中米。7か月かけてメキシコやグアテマラ、キューバ、ベリーズをまわって、カリブ海で泳いで、スペイン語を学ぶと、旅好きとしての好奇心はそれなりに満たされた。でも結局、世界じゅうどこへ行ってももう母には会えないということを思い知らされただけのような気もした。

その何か満たされない思いが、ふたたび私をカミーノへ向かわせた。中米からスペインへ寄ってカミーノを歩いて、気がすむまで泣けば旅がきちんと終わるんじゃないか。そう思ったのだ。


ルートは前回歩いた有名な〝フランス人の道〟とは違う、〝北の道〟を選んだ。スペインのバスク地方から、北の海沿いを西へ進んでサンティアゴ・デ・コンポステーラへ向かう道。「海と山の連続で絶景」と評判のルート。ところが……。

２０１４年11月中旬、〝北の道〟へ行ってみたら巡礼者なんて自分以外には誰もいなかった。何日歩いてもひとり、ひとり、またひとり。

歩き始めて38日目に、人気の〝フランス人の道〟と道が合流するまでは本当に、仲間らしき人がほとんど見当たらなかった。

しかも毎日、うんざりするような雨ばかり。巡礼宿の多くは閉まっているか、巡礼者が来た時だけ開放するかで、毎日どこかの警察か役場をたずねて宿のカギを借りて宿を開ける。がらんとした部屋にひとりで眠る。寒い、雨の山越えばっかりで死ぬ、誰もいね――……。

　でもその分、スペイン語の練習にはなったし、親切な地元の人やボランティアスタッフ〝オスピタレーロ〟のやさしさが、冷えた体にじわじわ・ほかほかと染み入った。

「雨のなか大変ね」と言って宿探しを手伝ってくれた村人や、小型ヒーターを探して部屋に持ってきてくれたオスピタレーロのじーちゃん、たったひとりの巡礼者のために雨のなか庭で薪を割ってくれた若いオスピタレーロ女子。道の上で「ブエン・カミーノ！（よき巡礼を）」と声をかけてくれる人たちの、ほんの小さな微笑みにさえ大きく助けられた。

　にぎやかな夏のカミーノでは見逃していた、たくさんの〝光〟がそこにはあったのだ。

「やっぱりカミーノってすごいよ、お母さん！」

　ほかの巡礼者との出会いがないかわりに、44日間合計1000キロを歩くあいだ、ずっと母に向かってモゴモゴと喋りかけていた。そんな母との対話のようなカミーノができた。

　だからボランティアをやり始めたきっかけをきかれたらこう答えたい。

コメントA「そんなカミーノに恩返しがしたいから」
　いい感じだ。ありがちなセリフだけれど、テレずに言ってみたい。
コメントB「安上がりに楽しく海外ステイができる方法を探していたら、たどりつきまして、その一環で……」

そんなことバラさなくていいっつーの！

でもどっちも本当の自分だし、正直言ってコメントBが心の中に占める割合も高めだからここはかっこつけずにいこうと思う。

ともかく動機が不純だと言われようが何だろうが、健康でヒマなのにボーッとしているよりは、スペイン語でも勉強しながら誰かに手を貸したほうがいいんじゃないの？　そう思って〝北の道〟の巡礼宿で働いたのが始まりだった。

でもまさか、それから3年間にもわたってスペイン、モロッコ、イタリアの12軒もの宿で働くことになるとは思っていなかったけどね。

若い時から旅ばかりして、これまで訪れた国や住んだ町は数知れず。安宿の客としてはプロに近かったけれど、40をすぎてから受け入れる側にまわってみたら違う世界が見えてきた。それまで気にならなかった宿の受付に置いてある花や、トイレの汚れなんかも見えてきた。仕事は掃除、ベッドシーツの交換、大人数分の調理、館内の案内、何から何まで初体験。

この本は、出版の世界しか知らなかった日本人の女が、たぶんあっちゅーまの人生をオモシロくするために、ボランティアスタッフとして喋れる限りの英語、スペイン語、イタリア語を使ってあちこちの宿に住み込んで働いた奮闘記です。

特技はもちろん喋りを生かせるチェックイン、笑ってごまかせ苦手な掃除！

舞台は憧れの、ざっくりといえば地中海方面。いや、大西洋？　とにかくぜーんぶ、おサイフにやさしいホステル。

では、さっそく館内をご案内しましょうか。

「まず共同シャワーはあそこ、比較的夕方が空いてます。……えっ、Ｗｉ－Ｆｉ？　ソーリー！　ここ、ドミ（大部屋）はＷｉ－Ｆｉつながらないんですよね。でもレセプションはつながりますから、いつでも使いに来て下さい。コーヒー・紅茶は無料ですから～♪」

第1章

ソフィア83・SOFÍA

『アルベルゲ・エル・ガレオン』
2015年7月13日～8月13日（1か月間）

スペイン　カンタブリア州
サン・ビセンテ・デ・ラ・バルケーラ

「お、お、お――――っ！」

「あ――ん♡」

「サイッコ――ッ！」

「イヤ――ん」

「ん――イイ、イタタタ、気持ちイイ――」

ソフィアは悩ましい声をあげた。

ソフィア・ポサス、御年83歳、スペイン人のおばあちゃん。

「あれ、何の声？」とまわりの人がドキドキしながら聞き耳をたてたらマッサージの最中で、しかも声の主はばーさんだったという、コッテコテの昭和のコントみたいなシーンの中に自分はいた。それもスペインで。まわりにいる巡礼者たちはみな、彼女のこの声に気づきながら気がついていないフリをしているはずで、マッサージ係の私は彼女のふくらはぎをもみながら、

「わっ、ちょっと、声がセクシーすぎ！」

あせりながらも半笑いで指摘した。するとソフィアは目を丸くして1秒間静止し、

「ア――――――ッハハハハハハハ………」

高い声で笑い出した。マッサージの〝官能の世界〟に入り込んでいてそんなことなど思

いもしなかったのだろうし、スペイン語がカタコトの、おとなしそうな日本人からそんなことを指摘されるとも思っていなかったのだろう。

自分の祖母と爆笑した記憶なんかないけれど、ソフィアの笑いにはこうして引きずり込まれてふたりでよく笑っていた。それはソフィアの明るく楽しい人柄であり、自分もばーちゃん世代に近づいたからであり、私たちは仕事仲間であり……あと、何だろ？

足の痛みに悩まされているソフィアにある日、

「私がマッサージしてあげようか、やったことないけど」

と提案したら、

「エヘッ、いいのかい？」

ソフィアは上目使いで喜んで、その日から夕方のマッサージが始まった。

ソフィアは83歳にして、この宿のオーナーとして、そして現役スタッフとして元気に働いていた。ルビー色に染めたショートヘアがよく似合う、小さくてかわいいおばあちゃん。

早朝からキッチンに立って朝食の世話をして、巡礼者を送り出して、宿じゅうのあちこちを掃除したりして常に動きまわっている。

夫は年下のルイス79歳。ルイスは家族全員から嫌われていて、かわいそうなほどみんなから冷たくあしらわれていた。

「明日、ルイスはサンタンデールに出かけるんでしょう？」

ソフィアにきくと、

「そーなのよ、明日アイツいないの。あぁ、なんたる幸せ。神よ、ありがとう！」

と言って胸の前で十字を切った。

そのはつらつとした言動がおかしくてウケているとソフィアも我に返って笑った。

「アーーッ、ハッハッハッハッハ……」

町の合唱団でソプラノを担当しているソフィアは、笑い声も高くて美しかった。笑いも発声練習のようだ。♪アハハハハ～～。

夫ルイスは遠い昔はいい男だったらしいが、それはスペインがまだフランコ体制下に置かれていた時ぐらいはるか昔のことで、中年以降は妻のソフィアや3人の娘たちに威張り散らすだけで家のことなど何も手伝わず、巡礼宿を始めてからは、巡礼者にはいい顔をするが面倒な仕事は全部女たちに押し付けて文句ばかり言う「憎たらしい男」なんだそうだ。いまは時々集金や部屋案内を手伝っては、何かしらやらかして怒られている。

「でも、昔は好きだったんでしょ？　ルイスのこと」

一応きいてみると、ソフィアは大鍋の中でグツグツ煮えたぎる朝食用の穀物コーヒー40人分をお玉でかきまわしながら、

「まぁね。でもいまはノー！」

と顔をゆがませた。その言い切りっぷりや低音ボイスもおかしくて、私たちはまた一緒になって笑った。ソフィアはばーちゃんだけれど、時に少女のように愛らしい。天真爛漫なソフィアちゃん！

オスピタレーロ・デビューへの道

2015年の夏、スペインで過ごそうと思ってはいたけれど、巡礼宿でボランティアをやることは、もし行き場が見つからなかった時の補欠案だった。だって、せっかく夏のスペインで暮らすんだから、「ボランティアに挑戦」とか自分に厳しいこと言ってないで、海辺でサングリアでも飲んでいたいじゃないの！　感じのいいアパートを借りてパエリアでも作っていたいじゃないの！

ところがそんなドリームとは1ミリも縁がないまま夏に突入してしまった。

春を過ごしたモロッコからスペインへ戻ってみると、アパートの家賃も宿代も、すべてシーズン価格に急高騰。モロッコの安い物価に慣れていたから余計に高く感じたし、冬の値段を知っているだけにバカバカしくなってあきらめた。やめやめ——っ！　こうなったらもう、サングリアだのパエリアだの言ってる場合じゃない。働くよ、あたしゃ。

その瞬間からネット上での物件探しをやめて、検索ワードを変更した。新ワードは「スペイン」「カミーノ」「ボランティア」、それから、

「アルベルゲ」＝スペイン語でホステルや巡礼宿のこと。

「オスピタレーロ」＝カミーノ・デ・サンティアゴの巡礼宿で働くボランティアスタッフのこと。

とりあえず、カミーノ・デ・サンティアゴの「アルベルゲ」で「オスピタレーロ」をやるには、関連団体が主催する3日間の講習を受けた後、どこかの巡礼宿に派遣されてデビューするのが一般的らしい。しかしそれよりも、「未経験でも、カミーノを歩いた経験と心意気があればオッケー」、そんなアルベルゲで働かせてもらいたかった。

ところが、講習がいらなそうな私営のアルベルゲ5軒にメールを送ってみたけれど、3日待ってもまったく反応がない。

うむむむ、電話作戦に切り替えるしかないか。

自慢じゃないが、スペイン語は一対一の直接の会話ならまだしも、電話での会話には到底およばない幼稚園児以下のレベルだ（オラ、コモエスタ～?）。でも緊張だけは大人レベルだから、女子高生の告白電話並みに緊張しながらおそるおそる、あるアルベルゲに電話をしてみた。

「ワタシ、日本人。アルベルゲでボランティア、募集、してるアルカ……」

そんな感じだったと思うけど、電話に出た女性は、

「わっ、嬉しい！　あなた日本人でオスピタレーロ希望なのね。うん、もちろん大歓迎よ。いますぐにでも来てちょうだい。電話ありがとう。ごめんね、忙しくてメールを見れなくて。私の名前はローラ」

なんと、あっさりOKをくれたのだった。ほらね、大事なことはEメールやファックスじゃなくて、勇気を出してかけた1本の電話で決まる。これ、若い時からの我が人生のパターン。しかも待っているだけじゃダメで、常に自分から、ゴー！

その時はスペインの南西海岸沿いにあるカディスという町にいたから、アルベルゲがある北のカンタブリア地方までは「スペインの反対側」と言えるほど遠かった。

でももう気持ちは軽い。移動のバスや車の中で、会ったこともない自分のことを、経歴も年齢もきかずに「大歓迎」だと受け入れてくれたローラという女性の声を思い出すと、

心配やごちゃごちゃした思いはふっとんだ。

　女性の年齢は分からないけれど、その声や口調から、母のようなやさしさを感じていた。


サン・ビセンテ・デ・ラ・バルケーラ。

　長い町の名前はもちろん変わっていないけれど、7か月ぶりにやってきたこの町は、冬に巡礼者としてやってきた時とはまるで様子が違っていた。海沿いにびっしり並んだレストランや土産店はすべてオープンしていて、たくさんの観光客たちが群がっていた。港を出入りする無数のボートも、アイスクリームを食べながら歩く家族連れも、犬と一緒にビーチを走る人も、絵になっている。

　凍り付くような雨が降っていた昨冬2014年12月のあの日、ここにたどりついた時は、外を歩いている人なんかほとんどいなかった。かじかんだ手で杖を握りしめ、石段をのぼってアルベルゲに着いたら、【清掃休館日】の貼り紙がしてあって倒れそうになったものの雨で座り込むこともできず、そこに書いてあった【私の友人宅に宿泊可能】というメッセージと電話番号を写真に撮って警察署にかけ込んだ。「電話を貸して下さーい」……。

　そんな冷たい思い出しかなかった町に、また来ることになるなんて。

あの時、休館日で入れなかったアルベルゲ『エル・ガレオン』にも、いまはたくさんの巡礼者たちがいて盛り上がっていた。

私からの電話に出てくれたローラは、オーナーであるソフィアの娘で、母と一緒にこの宿を切り盛りしていた。シングルマザーで、3歳になる娘を連れて午後に手伝いにやってくる。

夕方になって巡礼者たちの受付が一段落すると、近所のオバチャンたちも加わって、にぎやかなお喋り大会が始まっていた。見たところ、完全にスペイン語社会。そして女社会。

「今日はゆっくりしてていいよ」と言われたものの、まだ「ゆっくり」の仕方がつかめない私は、サロンに座って巡礼者たちと雑談をしていた。

ベルギー人の男子に、明日はどこまで歩くのかときかれた。

「私は巡礼者じゃないの。明日からここで働くんだ。ボランティアスタッフとして」

「え、そうなの？　いいなー。僕もいつかやりたいと思ってるんだ。オスピタレーロってやつでしょ？」

うん、オスピタレーロってやつ。ついにやることにしたんだ。あは、ちょっとテレるぜ。

1日17時間労働!?

その翌朝から、6時半起きの生活が始まった。

朝食の配膳、片付けが終わったら11時すぎまで掃除、午後2時になると巡礼者の受け入れ開始。

ソフィアは昼間、自宅に引き上げて休んでいたけれど、引き上げる場所がない私は1日じゅうアルベルゲにかかりきりだった。続くだろうか、こんなハードな生活。

夜10時ともなればくたくただけれど、ソフィアは一度キッチンに立つと、「あらあら、ここが汚れてる」などと言って、次から次へと新しい仕事を見つけてくれる。

「もういいよ、ばーちゃん。明日でええがな」

そう思っても言えないところが本当のばーちゃんと違うところだ。

毎晩、幅が15センチぐらいある朝食用の大きなバゲット5、6本をスライスするのが私に与えられた仕事のひとつだった。多い時は40人分。切っても切っても終わらない〝スライス道場〟。

「この労力、はぶきましょうよ。あらかじめスライスされた食パンを買えばいいじゃん。

日持ちもするし、安いし」

そう何度、心の中で訴えたことか。朝食に出すコーヒーはチコリなどの穀物が入ったノンカフェインコーヒーで、大鍋で煮出して濾《こ》す作業はけっこうな手間がかかるうえに、翌朝あたため直すのにも時間がかかる。

「穀物コーヒーも、インスタントにしましょうよ」

そんなスペイン語の文を何度頭の中で構成したことか。ともかく、

「さぁ、ディナーにしましょうか」

この待望の声がかかるまでがいつも長かった。そこで、「わーい、やっと終わった！」と思っても、

「あらやだ、冷蔵庫のドアがこんなに汚れてる。いま、拭いちゃいましょう」

と仕事の手が止まらないソフィアちゃん。

マドレ・ミーア！

この宿に来てから、みんながこの言葉を使っているからうつってしまった、「マドレ・ミーア」。イタリア語の「マンマ・ミーア」と同じで、直訳すると〝我が母よ〟、だけれど意味はびっくりした時の「おっと！」「オーマイゴッド！」「なんてこった！」。そんなふうにがっかりしていたらソフィアが、

「イテテテ――――ッ！」

突然、苦しそうな声をあげた。足が弱いから、体を酷使しすぎると足首から下が痛むのだ。ふだんは杖をついて歩いていて、本当はこんなに働いてはいけないと医者からも言われている。

「おぉなんてこった、使い物にならないあたしの足め！」

ソフィアは歯をくいしばってシンクに手をかけて前かがみになり、悔しそうな顔をした。

激痛が走ったのか、いまにも泣き出しそうだった。人一倍働いてはいるけれど、気弱になると娘から叱られたとか、外出中の巡礼者が帰ってこないとか、ケータイが見つからないとか、大小さまざまなことでパニックになったり、涙を浮かべたりする。

そんな〝ソフィアちゃん〟をなだめて「もう休みましょう」と言うのも私の仕事だった。簡単な食事をすませてキッチンから脱出できたのは、その日も午前0時。

「あ――、疲れた！」

思わず日本語でつぶやいた。

「いま、疲れたって言ったでしょ？」

ドキッとしてソフィアを見ると、5秒前まで半泣きだったソフィアが、いたずらっぽくエヘヘへと笑っていた。

ふたりだけでいる時はほとんどソフィアのひとりごと劇場だけれど、何時間も一緒に働いていると言葉は通じなくてもだんだんお互いのことが分かるようになってくるのだ。

「あたし、いま日本語が分かったのね？　アッハハハハ――」

嬉しそうなばーちゃんの手をとってベッドまで送り届けた。


【オスピタレーロ室】

そう書かれたソフィアの部屋は、部屋というよりはインターネットカフェのボックスか、ちょっといい洋服屋の試着室ぐらいに狭かった。

巡礼者の部屋の一角に作られた、ほんの気持ち程度のプライベート空間で窓はない。外と天井がつながっているから巡礼者たちのイビキは丸ぎこえだし、デオドランドやら汗のニオイも入ってきてクサそうだ。

「こんなところで、よく眠れますね？」

「まぁね、自宅に帰って、夫の顔を見るよりはましよ」

さすが大先輩。感心していたら、

「あ、そうだ。これからペレグリーノ（巡礼者）が増えてベッドが足りなくなるから、明日からトモコももうひとつのオスピタレーロ室（試着室！）で寝てくれる？」

と言われてしまったよ、とほほ。

「はぁ……。わ、分かりました（マドレ・ミーア！）」

苦しい返事をして固まっていたら、笑顔100パーセントのソフィアからおやすみのキスをブチュ——ッとされた。

終わりよければ、すべてよし

「ブエノス・ディアス！　グッモーニング！」

スペイン語と英語で「おはよう！」。

早起きは苦手だけれど、6時半にサロンに顔を出し、ペレグリーノたちに声をかけると、いっせいに返事が返ってくる。そんな1日の始まりは好きだった。

私より30分早く起きて穀物コーヒーをあたためているソフィアもみなに声をかける。

「おはよう、ペレグリーノ。みんなよく眠れたかい？　いま、トーストも出すから待っておくれ」

ペレグリーノというのはスペイン語で巡礼者のことだ。

四国遍路を歩く人が「おへんろさん」なら、カミーノ・デ・サンティアゴを歩く人は「ペレグリーノ」。ひとりひとりの名前は覚えられなくても「ペレグリーノ」と呼べば、みんな振り向いてくれるから簡単だ。呼ばれる側から呼ぶ側になった2015。

30分もしないうちにペレグリーノの数はどっと増えて、キッチンは戦場となった。

「ペレグリーノ、食べ終わったら食器をキッチンに持ってきて、自分で洗ってねー」

こういう呼びかけも最初は気恥ずかしかったけれど、すぐに慣れてきてスペイン語バージョンも言えるようになった。

給仕の合間に、出発するペレグリーノに道をきかれれば説明して送り出す。写真を頼まれれば撮る。

キッチンで皿を洗っていると、ペレグリーノたちが窓の外から「ありがとう！」と声をかけてくれる。ソフィアと私は彼らに手をふり、投げキッスをして送り出した。余裕があれば私は走って外へ出る。そして彼らの背中に向かって大きな声で言った。

「ブエン・カミーノ！」

ブエン・カミーノ、日本語で「よき巡礼を」。カミーノ・デ・サンティアゴを歩いていた時に何百回となく言われ、言い返した言葉。我が人生のキーワード。

あぁ、何てさわやかなのだろう。朝の日差しを浴びながら、ペレグリーノを送り出す自分。きっと、NHK朝ドラのヒロインのごとくキラキラしているに違いない。いや、ヒロインの母親か。ともかく朝ドラ的なあたたかいまなざしでペレグリーノたちを見送り、運河の先に広がる海を眺めた。

来た時はここの設備や料金に関して不満そうなペレグリーノもいる。しかし83歳のばーちゃんに出される朝食を食べて、世話を焼かれ、笑顔で見送られるとみんな機嫌がよくなっていた。終わりよければすべてよし、これがこのアルベルゲのトリックだ。〝スライス道場〟のごとく毎晩パンをスライスして、体にいい穀物コーヒーを仕込む理由が分かってきた。セルフサービスの冷たい朝食じゃ、こうはいかないよね。

夜中のキッチン

歌が得意なソフィアは、町の合唱団のソプラノメンバーとしてイタリアへ遠征に行った経験もあるらしい。だから合唱やオペラ関連の話になると必ず身を乗り出していた。

ある夜、私とソフィアがキッチンで遅い夕飯を食べていると、ドイツ人の若い男子がやってきて「なんでか分からないけど、お腹が痛すぎて眠れないんです」と言う。

彼の苦しそうな顔を見て即座に救急箱の中から痛み止め薬を取り出すと、ソフィアに「ダメ！」と止められた。

「カモミール・ティーをお飲みなさい。整腸作用があって、化学薬品なんかよりずっといい。いまいれてあげるわね」

ソフィアはお湯をわかし始めた。

「え、整腸作用ってか、いまは痛み止めだろ！」

私と彼はおそらく同時に突っ込んだ、心の中で。

しかし、彼はイスに座らされ、ソフィアから出身や職業や趣味など、いまはおよそどーでもいい質問を投げかけられた。

「あら、あなたドイツ人なの。クリスチャンで、それでカミーノを歩いてるのね。偉いわ」

ソフィアはその時なぜかゴキゲンで、ゆったりと彼に話しかけた。一方の彼は冷や汗をかいているのか、腕に鳥肌が出ているというのに。

「教会へ行ってるんだったら、ドイツ語の、こんな歌は知ってるかしら？」

あろうことか、ソフィアはそこで得意気にドイツの愛唱歌を披露し始めたのだ。それもいきいきと、のびのびと、とびっきりのかわいい笑顔で。

お――い、ソフィアちゃ――――ん！　青年は、

「い、いま、それっすか……」

と言わんばかりにゆがんだ笑みを浮かべ、あきらめの境地に入っていた。響くソフィアちゃんの歌声、夜中のキッチン、もだえ苦しむドイツ人男子、この状況に苦笑いの日本人オスピタレーロ、「早く終われー」の届かない声……。

ようやく歌が終わると、彼はカモミール・ティーを飲み切って、

「グ、グラシアス（ありがとうございます）」

と言って立ち上がった。

そんな彼の手に、こっそり痛み止め薬を握らせて部屋へ返す午前0時。ソフィアはニンマリと笑って「けっこう男前だったわね、あの子」と言った。

チキンハウスでごめんよ

ソフィアの娘のローラは私のプロフィールに興味を示した。

「へー、トモコって作家なんだ。カミーノの本を書いた人がうちで働いてくれるなんて嬉しいな。バツイチって、子供はいないの？」

40すぎの女がひとりで長期海外放浪だなんて「いったい何やってる人なんだろう？」と思われて当然だから、きかれればいつも包み隠さず答えている。

「子供はいません。カミーノの本っていっても、ガイドブックじゃなくて自伝みたいなもんなんです。元題は〝さらばイギリス夫、今日からひとりでファッキン巡礼！〟」

「あははは、何よそのタイトル、すごく読みたい！」

その時、スペイン人の中年女性ふたり組のペレグリーノが現れた。

「あれ、オスピタレーロは不在なの？」

「あはは、オスピタレーロは私なんです。ようこそ！」

入口の受付デスクに堂々と座っていても、多くの人が私のことをペレグリーノだと勘違いした。スペイン語で歓迎するとそこでさらに驚かれる。

「カミーノは2回目だけど、アジア人のオスピタレーラ（オスピタレーロの女性形、女性の場合はこうとも言う）なんてはじめてよ。面白いわね。あなた、どういう経緯でここにいるの？　カミーノを歩いたことあるの？　国籍は？　どこから来たの？」

「どこからって、モロッコからですけど……。国籍は日本だけど日本に家があって住んでるわけじゃないので。私、家なしの旅人なんです。家なし、子供なし、金なし、男もなし。でも時間はあるからボランティアをしてるんです」

「ワーォ、素晴らしい、あっぱれな人生じゃない！　あなたみたいなユニークな日本人、はじめて見たわ」

ペレグリーノたちが手をたたいて笑い出すと、ローラが、

「すごいでしょう、うちのオスピタレーラ。作家でもあるのよ」

とつけ加えた。

ローラはその美貌からして30代後半かと思いきや、45歳で出産していまは48歳だった。ノリがよくて、若くてかっこいいペレグリーノがやってくると舌なめずりをして「イイ男！」と私にウィンクをしてくる。こないだなんて、25歳のかっこいいペレグリーノからラブレターをもらっていた。本人は「お礼の手紙よ」と言っていたけれど、見せてもらったその手紙の内容はこっちが恥ずかしくなるほどの本気の告白レター。3歳の子供と両親とアルベルゲの面倒まで見ている彼女は、強くたくましく世話好きで、そこもまたかっこよかった。

以前は長女と三女もアルベルゲを手伝っていたらしいけれど、ふたりが町を出てからは次女のローラがこの家の大黒柱となって活躍している。

アルベルゲの設備や宿泊料に対してケチをつけるペレグリーノに対しても、彼女は堂々

と向き合っていた。

「ここが1泊10ユーロはないだろ。バカげてるよ。なぁ、ちょっと、冗談だろ？　5ユーロでいいじゃないかよ」

ある日、スペイン人のおっさんふたり組が、チェックインをしていたローラに向かって言ってきた。来るなり挨拶もなく、ほかのペレグリーノにもきこえるようにわざと大きな声を出して、失礼きわまりないおっさんたちだった。

「あのね、政府が建てた、公共のアルベルゲは1泊5ユーロで設備もよくて、そりゃいいでしょうよ。でもここは私たちが家賃も光熱費も払って、それで家族全員が食べていかなきゃいけない。冬なんて、巡礼者がひとりも来ない日だってあるわ。それでも歩いてくるペレグリーノがいるから通年営業しているの、ボランティアで！」

彼女が喋り終わらないうちに男のひとりが言った。

「だからって、こんなチキンハウスみたいな部屋に巡礼者を押し込めて10ユーロとるなんて悪徳だよ。カミーノのスピリットのかけらもないね」

おっさんたちはしつこかった。しかしローラも負けていなかった。

「は？　何がスピリットよ。何であたしがあんたを助けなきゃいけないのよ。じゃ、あんたの巡礼者としてのスピリットはどうなのよ、あんたが私を助けてくれるの？　カミーノ上で誰か困っている人を助けたことあるの？　お金貸したことある？　食べ物分けてあげたことある？　巡礼宿やったことある？　やってみてよ……」

ローラの剣幕に、まわりの巡礼者たちはビビっていた。ローラもローラで、もうちょっとソフトに言えばいいんだけれども……。

しかし私も気持ちは同じだった。

ペレグリーノというだけで、親切にされて当然だと勘違いしている人が時々いる。タダみたいに安い公共の宿は、努力しなくてもペレグリーノから感謝されっぱなしなのに、個人でがんばっているアルベルゲは「高い」とばかり言われて理解されにくい。そりゃ、誰だって安いほうがいいに決まっている。でもせめて、〝高い宿＝ダメな宿、ズルい宿〟じゃなくて、宿の事情を分かってもらいたかった。とはいえ、私もいままで何十軒ものアルベルゲを利用しておきながら、ここへ来るまではそんなこと考えたことがなかったんだけれど。

母ソフィアが、もう少しだけ落ち着いた口調で言った。

「あんたたちに〝悪徳〟呼ばわりされる覚えはないけど、イヤならよそへ行けばいい。それだけだよ。言っとくけど、この町はちょっとお高い観光地だから、うち以外にはホテルしかないよ。あたしたちがやめたらペレグリーノが泊まるところがなくなっちゃうから続けてるの」

そして去っていくおっさんふたりの背中に、

「カラ・ドゥロ!!（厚顔野郎）」

と、とどめのひとことを投げたからプッと吹いたよ、あたしゃ。あはは、ソフィア最高。

ローラとソフィアは、父ルイスに対しては、ペレグリーノたちがビビるほど冷たくおっかなくて、しょっちゅう繰り広げられる母と娘のバトルもまた派手だったけれど、私に対しては「激甘」と言えるほどやさしかった。

毎日が濃いせいか、来て1週間もたたないうちにローラは「トモコ、出ていかないで。いまからあなたが出ていく日を想像すると悲しいの」と言い、ソフィアは「あぁ、愛する我が日本人の娘よ！」と言って私を抱きしめた。

確かに、足のマッサージだけでなく、ソフィアが家に帰る夜は手をとって家まで送り届けたりして、だいぶこの家族に入り込んでいた。少しでもひとりきりになる時間が欲しいから近所の図書館に逃げ込んでいるのに、父ルイスは心配して迎えに来たりする。

かわいいけれど生意気なローラの娘、クラウディア（3）には顔をひっかかれたりしな

ペレグリーノたちに囲まれて。ソフィアちゃんはフォトジェニック♡

巡礼者の足にできたマメに針を刺し、手当てをするソフィアちゃん。「はい、チクッといくよ！」「ギャ〜〜〜ッ！」

がらも遊び相手をしてあげている。彼女には持ち物をあさられて口紅を折られたし、キックしてきた彼女のひざを正当防衛ではたいたら「ママ、トモコがいじめるー！」とギャン泣きされたのに、それでもボランティア精神で付き合ってあげている。彼女の保育園のお迎えに行った時なんか、誘拐犯にまで間違われたというのに！

ついに運命の人、登場？

「様子を見ながらとりあえず2週間」の約束を、家族に引き留められて1か月まで延ばした。それ以上は体力的・環境的に無理だけれど、1か月までなら連勤でも何とかできそうだった。

出ていくまでに、自分の後任だけは見つけなければ。

【オスピタレーロ募集！　あなたも経験してみませんか？　食事とベッド無料、エンジョイ・ボランティア！】

こんな手書きのポスターを作ってサロンに貼ると、すぐにフランス人男子のペレグリーノが申し出てきてくれた。

その彼を案内しようとしたところで、彼のミリタリーグリーン色の荷物に目がとまった。

「こ、こ、これ（ゴホッ）、これは………」

私はまるで2時間ドラマに出てくる刑事のように言って、言いながらむせた。本当にびっくりすることに遭遇するとむせるようになったのは40をすぎてからだ。実際はスペイン語で、

「ケ、ケ、ケ、エス（ゴホッ）、ケ……」

という感じだったんだけど。

「ど、ど、どうやって？ いや、どこで、このモチーラ、いや、このバックパックを手に入れたの？ ひょっとして、あの、その、……どこだっけ？ そう、ゲルニカじゃない？」

「うん、そう、ゲルニカ！」

彼は答えて、英語で説明を始めた。

「もともと僕、ピレネー山脈のトレッキングコースを、テントや自炊道具なんかもかついで歩いてたんだ。でも山の中でカミーノの黄色い矢印を見つけて、なんとなくつられて進んでたらこのカミーノ〝北の道〟に入ってて、ペレグリーノになってた。で、山を下りたらさすがに自分の15キロのバックパック、つまりモチーラ……僕も分かるよ少しはスペイン語……モチーラが重くなっちゃってね。ゲルニカの宿のおやじに不要なモチーラはない

かきいてみたら〝これ、前に客が置いて行ったやつだから持ってってっていいよ〟って言われて、これを譲ってもらったんだ」

私は興奮をおさえ、検視官ばりに「ちょっと見ていいかしら？」と言ってそれを手にとった。

あれはいまから8か月前の2014年の11月、〝北の道〟を歩き始めて6日目から、この昔の子供の遠足用みたいなモチーラが中の重さに耐え切れなくなって、肩ヒモの付け根の縫い目がほつれ出した。バスク地方の、厳しい峠越えをしていたあたりだ。どこかで針と糸を借りて自分で修繕したのだが、その赤い糸のへたくそな縫い目もしっかりと残っている。それを手にした彼が、270キロ歩いてやってきた先で持ち主の私と会うなんて！

「マドレ・ミーア！　なんて偶然！　これ、間違いなく私がゲルニカの宿に置いて行ったモチーラだわ。スペインへ来る前にいたグアテマラで買ってきたものなんだけど、肩ヒモが体に食い込んで真っ赤に腫れあがっちゃって、ゲルニカで新しいものに買い替えざるを得なかったの。でも捨てるのはもったいなくて、宿のおっちゃんに渡してきたんだ」

私たちは不思議なめぐりあわせに「わ――」とか「え――」とか「それにしても――」とかしばらく驚いて、「こうなったら結婚でもするしかないね」と言い合った。

北の道を歩くという選択も、ゲルニカであの宿を選んでモチーラをかえるという行動も、この宿でオスピタレーロをするという行動もお互いにかぶっている。趣味が似ている、生き方の傾向が似ている!

彼の名前はジュリアンといって、フランスのノルマンディ地方の、風の強い町にある小さなビジネスホテルで働いていると言った。携帯電話もカメラも持たず、町を散歩する時は裸足で、コーヒーとシガレットを愛するやせ細った青年だ。青年と思いきや、実は37歳で意外とオトナらしいけど。

ジュリアンは黙ってよく働いた。掃除もまじめにやり、慣れてくるとはりきって館内説明もやり出した。それも午後2時のオープン前に、アルベルゲの前に並んだペレグリーノを集めて、

「ウエルカムトゥー、アルベルゲ・エル・ガレオン!」

とか、まるで白い手袋をした手で(してないけど)、かぶってはいないけど帽子をとって深々とおじぎでもするような勢いでやり出したから私とローラはクスクス笑った。それはまるで、ディズニーランドのアトラクション、マークトウェイン号のキャプテンばりのテンションの高さだったから。

「はい、そしてここが靴箱。お――っと、と、と、ちょっと待った、セニョリータ! こ

こから先はぜーったいに、カミーノ用の靴であがっちゃダメよ。そんなことをしたら子供の頃、ママに怒られたでしょう？　だからもしそんな子を見つけたら僕だって怒ります、泥がついた靴でお部屋に入っちゃダメダメ――！」

これを1日40回きかされる私は「たかが靴箱やがなー」とか「たまにはちょっとアレンジしろやー」とか勝手なことを思っていたけれど、ペレグリーノたちはみな疲れきっているせいか、ジュリアンのジョークにウケていた。

快適とはいえないけれど、こんな風景もふくめてこの家の活気がどんどん好きになっていた。家族やご近所さん、ペレグリーノたちのパワーがみなぎって、時にぶつかり合ったりもするけれど、それ以上に笑いが起こっている。中心となるソフィアとローラ、情熱的なふたりの女は、映画やテレビなどで見てきた〝スペインのいい女〟のイメージのままで、彼女たち親子が仕切るアルベルゲにもその愛と「スピリット」が十分発揮されていた。

さよなら弁当

アルベルゲを去る日、私はジュリアンに、

「もうお別れだなんて、淋しいな」

と言った。ジュリアンは私に、

“I miss you more than you miss me.”

「淋しくなる。キミが思うより、僕のほうがずっと」

と言った。

ふだんのジュリアンは営業時のキャラとは違って、シャイな男だった。ソフィア一家の自宅でのランチに呼ばれた日、一緒に行こうと言ったら「僕はキミほど家族に好かれていない」とかブツブツ言い出すから、バカを言うなと言って彼の手を引っぱって連れて行ったことがあった。女衆の笑いの輪に入ってくることもほとんどなかったけれど、私とはスペイン語が分からない者同士、英語でちょこちょこ助け合ったり、グチり合ったりした。

車のお迎えが来て、いざバスターミナルへ出発、となった時にローラが、

「待って！　バスの中で食べるボカディージョ（サンドイッチ）をいま用意するから」

時間がないと言っているのに、贈り物でもらった高級生ハムにナイフを入れ始めた。もちろん、私が生ハムが好きなことを知って、肉厚にスライスしてくれるのはありがたかったけれど、早く、早く！

ローラは大量の生ハムを優雅に切り終えると、冷蔵庫から鴨や鶏のハムなんかも取り出してそれぞれをラップに包んだ。そして、

「やだ、最悪！　パンが昨日のしかないじゃない。ベーカリーの配達まだ？」

と言い出した。

「いいよ、ローラ、昨日のパンで十分、ありがとう。もう、出なきゃいけないから……」

しかしローラはさらに真剣な顔で食品棚もあさり出した。

「今夜はビルバオのホステルに泊まるんでしょう？　だったら食べ物が必要じゃない？」

そう言ってハム類を入れた袋に、リンゴ、携帯用オリーブオイル、ジャム、インスタントコーヒー、紅茶のティーバッグ、ヨーグルト2個、クッキーも1箱入れて、最後に缶ビールを2本追加した。

「大丈夫よ。このへんのバスって、たいてい遅れてくるから。それより、何でベーカリーの配達が来ないのさ、も――――っ！」

母ソフィアはそんな娘に、

「ローラ、トモコはもう出なきゃいけないんだよ」

と言いきかせた。まるで「ハチ、お父さんはもう帰ってこないんだよ」（忠犬ハチ公）とでも言うように。でも、暴走するローラを誰も止められないこともみんな知っていた。

私を送るために車で待機していた近所のおじさんも、キッチンまで様子を見に来て「早く、早く！」とせかす。

「お待たせ——————！　はい、これ。パンが古いのでごめんね」

ローラからその大きな豪華弁当袋を手渡された時、バスの出発まであと10分しかなかった。車でもバス停まで5分はかかると思うけど、本当に間に合うかなー……。

〝ローラ弁当〟を持たされた私は、ローラと別れのハグをした。その時、ローラが、

「トモコ——————！」

と言ってうわっと泣き出したから私もつられて泣いてしまい、横にいたソフィアも泣き出して私を抱きしめた。

「トモコ、1か月間ここにいてくれてありがとう。あなたは私たち一家をハッピーにしてくれた。本当よ。それから私、あなたがペレグリーノに家をきかれた時に言う、〝私は家なし〟ってジョーク、とっても好きよ。ジョークだけど本当のことだもんね。でも、あなたはもう私たちの家族なんだから、いつでもここへ帰ってきて。このアルベルゲと私たちの家は、あなたの家でもあるんだから。いい？　これだけは忘れないで、あなたはひとりじゃないのよ！」

そしてソフィアも泣きながら言った。

「トモコ、あたし、何てお礼を言っていいのか分からない。あなたの笑顔、やさしさ、仕事、全部最高。我が最愛の、日本の娘よ。あなたの幸せを祈っている。でも、待ってるからね」

午後2時前。

アルベルゲの外に出ると、いつものように歩き疲れたペレグリーノたちが暑そうにオープンの時間を待っていた。そこへペレグリーノとは様子が違うアジア人が、なぜか涙を流しながらデカい荷物を引きずって館内から出てきて、

「ブエン・カミーノ、ペレグリーノ！」

と叫んで車に乗り込んだから、ペレグリーノたちは〝ポカーン〟だったに違いない。

そんなタイミングで、のっそり目の前に現れたベーカリーの配達バン。

「トモコ待ちな、ベーカリーが来た――――！」

ローラは叫んでバンにかけ込み、トランクから焼き立てのバゲットをつかんで私が乗った車まで届けに来た。

「トマ！（受け取って）」

最後まで、このアルベルゲらしいドタバタ劇場だった。

本気でバスを逃すと思ったけれど、バスはローラの言った通りに遅れてきて、むしろ時

間が余るぐらいだった。車には乗らず、バス停までのそのそ歩いてやってきたルイスとも合流できて、彼からバゲットをさらに3本持たされた。じーちゃん、こんなに食えねーよ！

さよなら、アルベルゲ・エル・ガレオン。

さよなら、美しき水辺の町、サン・ビセンテ・デ・ラ・バルケーラ。

目的地であるバスク地方のビルバオへ向かうバスの中で、この1か月に起こったさまざまな事件簿を思い出していた。

ペレグリーノとディナーを食べたことや酒盛りをしたことはただの一度もなく、想像していた青春っぽいオスピタレーロ生活とはかなり違っていた。でも、まったく想像していなかったあたたかいものに心を動かされた。家族の団らんという、自分がもう味わえなくなったものをもらえたから。あんなに一生懸命、誰かにお弁当を作ってもらえたのも、小学校の運動会以来ではないか。帰省のたびに得意の赤飯を炊いてくれた自分の母ちゃんはもういないけれど、スペインの家族が「お前はひとりじゃない」「お前は家族だ」と言ってくれた。ありがとう、ありがとう。

予定通り、4時間後にバスはバスク地方のビルバオに到着した。バスを降り、町を歩きながらもまだ感動の余韻から抜け出せず、半泣き状態だった。と、そこで気がついた。

あっ、〝ローラ弁当〟、バスの荷物棚に忘れた！

information

『アルベルゲ・エル・ガレオン』
ALBERGUE EL GALEÓN

（※2019年休業中）

サン・ビセンテ・デ・ラ・バルケーラ
（カンタブリア州、スペイン）

宿のタイプ	カミーノ・デ・サンティアゴ "北の道"にある巡礼宿
期間	2015年7月13日～8月13日 （1か月間。2016年6月にも再訪して 1か月滞在。P.145～）
ベッド数	42
宿泊料	1泊10ユーロ朝食込み
おもな仕事	朝食の世話、館内清掃、 チェックイン、 巡礼手帳にスタンプ押印、 台帳記入、集金、案内、朝食の仕込み
労働時間	6：30～22：30
休日	なし
寝床	オスピタレーロ室または巡礼者と同じ 部屋の2段ベッド
食事	朝・昼食、食材支給

※表記した宿の情報は筆者が滞在した当時のものです。

第2章

鬼か天使かアリーナ先生

『アルベルゲ・パロキアル・サン・ミゲル』

2015年8月16日〜8月31日（15日間）

スペイン　ナヴァラ州

エステーヤ

ペレグリーノ32人全員でテーブルを囲む、テラスでのディナーが始まった。

「じゃ、乾杯するよ、みんなグラス持った？」

「あ、こっちまだワインがない、待って、待って」

「はい、……用意できた？　じゃ、みんないくよーーっ、カンパーーイ！　ブエン・カミーノーーーッ！」

うぉーーっ、たまらん、ゾクゾクするぜこの盛り上がり。乾杯の音頭をとるのってクセになりそうだわー。

腹をすかせたペレグリーノたちの口に、パスタをのせたフォークやワイングラスが次々と運ばれていった。それぞれの喜びや悲しみ、巡礼の疲れ、人生のあれこれがテーブルの上で渦を巻いているような、そんな晩餐《ばんさん》。これこれ、こーゆー場を手伝いたかったのよ、オスピタレーロとして！

カミーノ・デ・サンティアゴの〝フランス人の道〟を歩き始めて7日目前後に到着する人が多い、エステーヤという町の小ぢんまりとしたアルベルゲ。

〝北の道〟のソフィアの宿でオスピタレーロを1か月経験した私は、経験者として講習なしでHOSVOL（オスヴォル）というオスピタレーロ・ボランティア団体にメンバーとして受け入れてもらって、ここへ派遣されてやってきた。期間は15日間限定。

〝フランス人の道〞。

それは〝北の道〞とはケタ違いの数のペレグリーノが世界じゅうから歩きにやってくる、カミーノの表舞台。なんといっても世界遺産登録ゾーンだから、知名度も巡礼者の数も、ほかのルートに比べるとケタ違いに多い。そんな視聴率のいい（？）ステージで働けるなんて、まるで地方局からいきなり華やかなフジテレビにでも異動するような気分だった。

過去に歩いた経験から、その知名度に比例して名物ペレグリーノの数が圧倒的に多いことも、かっこいい人もバカな人も多いことも、夜はペレグリーノ全員で食事をとって大合唱、みたいな宿が多いから盛り上がらないわけがないことも知っていた。

このアルベルゲは近くの教会が所持していて、牧師がたまに様子を見に来るけれど、住み込みで働いているのは私たち２名のオスピタレーロのみだった。

「運営はオスピタレーロにおまかせしています。たとえばディナーをみんなで食べるとか食べないとかも、決まりはないのであなたたちの好きなようにしてくれていいですよ」

牧師にそう言われて、私とイタリア人の相棒アリーナは〝持ち寄りブッフェ式〞にすることにした。自炊したもの、買ってきたものを、とにかくテーブルに並べてみんなで食べる。それに加えて、大鍋のパスタやサラダを私たちが仕切って用意した。

シンプルな料理でも30人分ともなれば調理からテーブル設定までやることは山ほどある。毎晩8時の乾杯までこぎつけると、イベントが終わったあとのスタッフみたいな達成感に包まれた。ふーっ、おつかれ――っ。

イタリア人=働かない？

今回、ともに働くことになったイタリア人の相棒アリーナは、イタリアのサルデーニャ島で小学校の先生をしているという、ショートカットに黒ぶちメガネが印象的な、ちょっと芸人のくわばたりえみたいな感じの女性だった。

ここへ来る前に「イタリア人の女性と働く」という情報をもらっていた私は、〝イタリア人=喋ってばかりで働かない〟という、〝日本人=働き者〟ぐらいにざっくりとしたイメージを抱いていた。「やった、ラクそう！」とうっすら期待していたんだけど、……ところがどっこい。

くわばた先生、いや、アリーナ先生は、黒ぶちメガネの瞳の奥で常にアルベルゲのことを考え、起きている時は常に働こうとする〝オスピタレーロの鏡〟みたいな人だった。

年齢は40代後半で、本人いわく「子供たちに独身ネタをいじられて早や十数年」のベテラン先生。背が低いのはサルデーニャ島の血で、耳にはカミーノのシンボルである貝殻のイヤリングがかけられている。Tシャツとひざ丈のパンツをはいた昼間の彼女は、誰がどう見ても職員室から出てきた先生そのもので、イタリア人のペレグリーノたちからはごく自然に「先生」と呼ばれていた。学校かい！

勉強中だというスペイン語は、スペイン人に間違われるほどペラペラで、とにかくまじめな勤務態度といい、やる気といい、すべてにおいて四六時中〝休憩〟のことばかり考えている日本人の私とは（国籍関係ない？）完全にスペックが違っていた。

たとえば、朝っぱらからこんな感じ。

「トモコ、外の靴箱にいらないものがい——っぱい入っているの、見た？　今日は通常の掃除を早く終わらせてあそこを重点的に片付けようと思うんだけど、どう思う？　それから『満室』の札も作ってみない？　いろんな言語で。それから午後はケーキを焼いて……」

朝のアルベルゲといえば、いくつもの「アディオス（さよなら）」と「ブエン・カミーノ」を言って、忙しい中にも胸がキュンとしたりウルッときたりする〝朝の見送りまつり〟。けっこうなエネルギーを使うから、そのあとに訪れる静寂のひとときが楽しみだったりする。外のテーブルに朝食を持って行って、やっとひとりきりになってひと息。我が至福のコーヒータイム。ネスカフェ・ゴールドブレンドのCMみたいに。♪ダバダァァ〜……。

しかしここでは♪ダバダァァ〜のかわりにアリーナ先生からの仕事の提案がじゃんじゃん流れてきた。

「せっかくボスがいないんだから、もっとサボろーぜ！」

と、自習時間の小学生みたいなことを考えている私とは根本から違うのだ。

午後のチェックインの時間帯になると、アリーナは、黒ぶちメガネのふちを押さえながら流暢なスペイン語でペレグリーノたちに言った。

「みなさ———ん！　このアルベルゲの消灯と閉門時間は夜10時、明日のチェックアウトは朝8時です。時間厳守ですのできっちり守って下さいね。8時といえば9時か10時まで許されるスペインやイタリア、南米時間とは違いますから。このアルベルゲはスイスかドイツか、日本時間を実施していますので。ほら、あそこにいる、うちのもうひとりのオスピタレーラのトモコは日本人です。彼女のためにも日本時間、日本時計でお願いしますよ。あはははは！」

ペレグリーノたちは私を見て笑い、私もそれに愛想笑いでこたえた。あははは。でもね、このアルベルゲで一番時間にきっちりしていて（うるさくて）、働きっぷりがスイス人かドイツ人か日本人みたいにまじめなのは、実はこのアリーナ先生本人なんですよ、みなさん知らないでしょーけども。

受付のデスクには、アリーナがいつも持ち歩いているという、カタツムリのぬいぐるみ〝ルマ〟が置かれていた。まん丸お目々のルマ人形、とってもかわいい。でも、アリーナ先生の提案であまりにも仕事続きになってしまうと、そのルマと目が合うたびに、心の中でこんな歌を歌うようになったんだよ、あたしゃ。

《女子トイレを掃除しながら作った『でんでんむし』の歌の替え歌》

♪ぜーんぜんムーリムリ　かーたづかなーい

おーまえのメーガネは　どーこにあるー

つらいぜ　やめたぜ

アルベールゲー

いや、実際はここまでやめたいなんて思ってないし、アルベルゲのことも好きですよ。

ただ、ちょっとだけ休もうよ、アリーナ先生！　そんだけ。

消灯後のノンアル会議

そんなふうに、最初はちょっぴり苦手かもと思っていたアリーナ先生。しかし、狭い部屋の2段ベッドをシェアして一緒に働いているうちに、あっというまに友達になった。3日もたつとだいぶリラックスしてお互いの人生にもけっこう詳しくなっていた。

毎日、夜10時に消灯して片付けを終えると、私とアリーナは外のテラスに出て暗がりの中でカモミール・ティーを飲んだ。「消灯後に飲みに出るのがオスピタレーロのお楽しみ」と噂にきいてはいたけれど（アリーナ先生は酒NG！）、酒も飲まず、まるで林間学校の引率教師のように、生徒（ペレグリーノ）が寝ているそばでコソコソと喋る私たち。アリーナの英語レベルは私のスペイン語以下だというから、会話はオールスペイン語になった。

「セビーヤ出身のロドリゴ！」

ある男性の名前を出してひやかすと、アリーナは少女のようにキャッキャと笑って手をたたいた。スペイン人のロドリゴという名のペレグリーノがアリーナとずいぶん意気投合したようで、その日はふたりでずっと喋っていたのだ。夕食後の片付けの時も、まわりが目に入らないかのように喋りっぱなし。「男運？　あったらこんな歳までひとりでいないわよ！」と言っていたアリーナ先生に、ステキな春の訪れかしら？

「うふっ、彼は私より7つ年下でね。イタリア語が私のスペイン語よりうまいの。あーあ、私もペレグリーノになって、明日から彼と一緒に歩きたいな。行ってもいーい？」

アリーナ先生は恋する乙女のようなため息をついた。

「どうぞ、って言いたいけどダメ――ッ！」

よ――く分かるよ、アリーナの乙女心は。このまま彼についていっちゃえば、明日から彼と一緒に過ごし放題だもんね。なのにそれができないこの状況のはがゆさ。オスピタレーロの少し悲しい運命。

「もちろん冗談よ、トモコ。でも秋の休暇には飛んじゃおうっかな、彼の住むセビーヤまで。彼、親と住んでるらしいんだけど、ぜひ遊びに来てって言われたの。どう思う？」

「えー、もうそこまで好きになっちゃったの？」

とその時、門のほうから物音がして、暗闇から荷物を背負ったひとりの男が現れた。

時刻は夜の11時をまわっていた。

「こんばんは。僕、ペレグリーノです。遅くにごめんなさい。今日、ここで寝かせてもらえませんか？　外でもいいので」

長身の若い男は英語で言った。フランス人の発音だった。英語だから私が対応する。

「えーっと、今日は満室でみんなもう寝てるんだけど。ってゆーか、こんな時間まで歩いてたの？　どこから？　あなたフランス人でしょう？」

すると彼は静かに答えた。

「はい、パリから歩いています。今日は野宿する予定だったんだけど、なかなか場所が見つからなくて。このアルベルゲは無料だってきいてたから……」

「無料じゃねーーーよ、寄付制!!」

瞬間、私とアリーナは同時に突っ込んで笑った。「パリから歩いている」より、ひっかかったのは「無料」。

「ギャハハ……、シーーーーッ！」

館内でペレグリーノたちが眠っていることを思い出してアリーナが制した。

なぜ同時に「寄付制」と激しく突っ込んだか。それは毎日、私たちがペレグリーノに口をすっぱくしてこう説明しているからだ。

「いいですか、このアルベルゲは宿泊料はとりません、寄付制です。といっても寄付制は〝無料〟とは全然、ぜーん、ぜーん、意味が違いますからね。ここは食事も維持費も、すべてペレグリーノからの寄付でまかなっていますから。きーー、ふーー、でーー。寄付金箱はあちらです、よろしくね！（ニコッ！）」と。

野宿をしているというのに、彼は何の装備も持っていなかった。端整な顔立ちをしているけど、やせこけている。ペレグリーノだと言ったけれど、薄汚れたペラペラの生《き》なりのシャツと古い茶色のチノパンをはいていて、なんか戦後の人みたいなファッションだった。

「僕、お金を一銭も持たずに歩いているんです。だからお金を寄付することはできないんですけど、それでもいいでしょうか？　かわりに明日、何か仕事を手伝いますので」

静かに宿泊の許可を求めてきた彼に、満室だからテラスでの野宿でよければどうぞと言って寝具を用意した。

でたーーっ、スピリチュアル！

そして翌朝、彼は言った通りに、掃除をたっぷりと手伝ってくれた。久しぶりにシャワーを浴びてヒゲを剃ったという彼は、昨日よりぐんと若々しくなって私とアリーナを喜ばせた（「あれっ、実は男前なんじゃないの？」「うん、そうみたい！」）。伸び放題のあごヒゲやその戦後ファッションのせいか昨日はおっさん臭く見えたけど、実はまだ25歳だという。

私たちと一緒にランチを食べ終えると、カミーノ中に採ってきたイチジクで朝食用のジャムを作りましょうかと提案してくれたのでお願いした。

狭いキッチンで、ジャムの鍋の底を木ベラでかきまわす彼に直撃インタビュー。ってほどでもないけれど、旅の経験をきいてみると、数年前に行ったタイやインドの話をポツリポツリと語ってくれた。

「でも、なんでパリから、お金も持たないでカミーノを歩いてるの？　パリで何してたの？」

「パリでは青果店で働いてました、フツーに。そしたらある日突然、西のほうへ向かって、何も持たずに歩けという声がしたんですよ」

でた――――っ、スピ系!?

5年前に〝フランス人の道〟を歩いた時も、「カミーノにエンジェルが舞い降りてきた」とか「見えない誰かに荷物を持ってもらった」とか言う人がしばしば現れていたっけ。

「ふーん。声って、誰の？」

冷静を装って質問を続ける日本人オスピタレーラ。

「分かりません。でも、あっちからの」

彼は天を指さした。

なるほど、「あっち」だよねー。って、全然分からないさ、あたしには！

……思うに、そんな「声」がするなんて言い出したら、すべての行動をなんでも天の声のせいにできちゃうんじゃないだろうか。「戸棚のビスケットを食べてもいいという声がした」「今日は会社を休んでもいいという声がした」「仕事なんかやめてギャンブルに走っちまえという声がした」……。

「まじでー？　それって天からの声じゃなくて、あなたが寝ているあいだに友達か誰かが、枕元で言っただけの声なんじゃないの？　それかテレビとか、空耳とか、夢とか？　それかあなた自身の、願望的な声かもよ」

ひかえめに言うと彼は、

「あははははは、そんなこと言ってきたのはあなたがはじめてですよ」

なかなか信じようとしない私のことを笑った。

彼のように、お金を持たずに歩くペレグリーノをいままで何人か見てきた。教会に泊めてもらったり野宿したりして、寄付制のアルベルゲにしか泊まらない人たち。

彼らは大きく分けるとふたつのタイプに分かれていて、単なる貧乏人かホームレス（職業ペレグリーノ）か、または何かのチャレンジで歩いているかのどちらかだ。チャレンジ

というのはつまり、お金を持たずに歩くことで得られる冒険や刺激を求めているわけで、それに関しては、

「人の好意に甘えてカミーノを歩いて何の意味があるのか！」

という反論も耳にする。でも彼の場合は、自分の労働力を差し出しているから甘えっぱなしというわけでもないだろう。

そうやって歩きつないで、パリからサンティアゴまでおよそ1700キロ。その体験から彼はいったい何を得るんだろうか。ともかくオスピタレーロとしては、彼のやせ具合が心配だった。いくら若くて体力があるからって、もうちょっと食えよ！

「本当に、泊めてくれてありがとうございます。昨日、遅くにここへ来て、泊めてくれるって言われた時、本当に嬉しかった。僕、汚い格好してるのに、トモコさんは僕を最初に見た時、イヤな顔ひとつしなかった。今日もたくさん食べさせてもらって、このTシャツも短パンももらったし、何とお礼を言っていいか分かりません。トモコさんもアリーナさんも、このアルベルゲも、素晴らしい。このご恩は一生忘れません！」

彼は、黄門様に礼を言う村人みたいに言い切った。昨日からの滞在で一番長いセリフだった。

「どういたしまして。でも私はここでボランティアをしているだけであって、私個人が食

べ物をあげたり泊めてあげたりしたわけじゃないから、そんなに感謝しなくたっていいよ。その服、ぴったりでよかったね。感謝するなら、不用品ボックスにそれを置いて行った、どこかのペレグリーノにするといいかも」

彼からのおほめの言葉は、自分のような打算だらけのボランティアが受けとるべきじゃないよね。

しかし彼がいなくなると、アリーナが言った。

「トモコ、確かにあなたは〝無料ステイ〟も目的のひとつでオスピタレーロをやってるのかもしれない。でも私、彼が言ってたみたいにあなたも立派なオスピタレーロだと思うよ。彼、嬉しかったのよ。みんなもあなたといると楽しそうだし。誇りに思うべきだわ」

あはっ、あはっ、そーかな。テレるな。

こんなふうに面と向かってほめられるとくすぐったい。でも素直に嬉しかった。

バスク地方からのプレゼント

２週目の後半、アリーナの友達がアルベルゲに遊びに来た。

3人ともオスピタレーロの常連者。バスク地方から来た男女のうちのひとり、男性のシャビールは〝バスク語ロック〟で知られるバンドのギタリスト。チャリというアリカンテ(スペイン南部)の女の子はまだ22歳だけれどプロのシンガーを目指していて、毎夏、ふたりでコンビを組んで〝オスピタレーロライブ〟をやっているらしい。

ふいに訪れた午後のリラックスタイム。サロンでギターをいじっていたシャビールから「何かリクエストはある?」ときかれた。

「バスク語の歌をきかせてほしいな。バスク地方はカミーノ〝北の道〟で歩いたんだけど、バスク語は〝カイショー! (こんにちは)〟ぐらいしか覚えられなくって」

「バスクの歌ねぇー……」

彼は言って、ギターの弦をポロンポロンとはじきながらしばらく考えて、「じゃあ、この曲はどうだろう?」と言って弾き始めた。

ハッピーバースデーのメロディだった。

「えー——、やだも——、ちょっと待って——」

まいったまいった。そう、今日はわて、おれ、私の43歳の誕生日なんです、スイマセンこんなオバサンに。

するといつのまに準備したのか、アリーナ先生がろうそくに火が灯された大きなケーキを持って現れた。一緒にランチを食べていたペレグリーノ7人も、ニコニコと見守ってくれている。改めてみんながバースデーソングを歌ってくれた。

「おめでと――――――！」

「わ――、ありがと――！」

なんか、こんな撮影現場の女優か、〝西田ひかるバースデー〟みたいな誕生日の祝われ方をしたのは生まれてはじめてのことだった。アリーナ先生、あいしてる、くわばた最高！

さらに夜になると、パテオではシャビールとチャリが何曲も演奏してくれて、みんなで輪になって大合唱。今日だけは10時の消灯時間も完全無視。ラストにはお約束の「ヘイ・ジュード」をみんなで声をはりあげて歌いあげた。♪ナ――ナ、ナ、ナナナッナ～……。

さらに翌朝、ペレグリーノが去っていくと3人の友は「掃除道具どこ？」と言ってさっさと掃除を手伝ってくれて、いつもはアリーナとふたりで昼前までかかる掃除が余裕の10時終了。さっすがオスピタレーロ軍団、スーパーお助けヒーロー。誕生日に新しい3人の友と、忘れられない時間をもらった。信じられんよ、こんな幸運。こんな華やかなことってしばらく忘れてたから。

さよなら台風

15日間という任期はあっというまで、1週目は試行錯誤、2週目は慣れてきて盛り上がってきたな、と思ったらもう終わり。

そんな最終日の朝。早朝に大雨が降って、低地にあるアルベルゲは床上浸水の被害にあってしまった。

「ギャー――――ッ、水、水、水の、水だらけ!」

雨はやんでいたけれど、水びたしになってしまった床を朝から拭く作業に追われた。出発前のペレグリーノたちも雑巾やモップを持って、みんなで復旧作業。

宿にあるだけの雑巾を引っぱり出しながらアリーナも、

「あれ、これ床用? テーブル用? もうなんでもいいわ、今日で終わりだから」

笑いながら雑巾を放り投げていた。

「あーははは、アリーナ先生、先生がそんなことするなんて!」

「ふん、いーのよ、雑巾は雑巾よ、あははははは……」

床の雨水を拭いてバケツに絞り出しながら、この片付けが終わったら私たちのチームも解散だと思うと淋しくて、そういうのをごまかすみたいにふたりでゲラゲラと笑いながら、水と格闘した。８月最後の日。

そうしてアリーナはイタリアのサルデーニャ島へと帰っていったのだ。「も――っ、なんであたしと一緒にサルデーニャへ来ないの？」と私にプリプリ怒ってみせながら。

アリーナは、次の行き先が決められない私を心配して、何度も誘ってくれた。

「うちに来れば問題解決じゃない？　あなたの大好きな無料ステイよ。しかも3食付き。夕食はうちの母が作る自慢のサルデーニャ料理よ。食器だってもう洗わなくていいから！」

そんな親切な彼女に対して、寝不足の私ときたらある時、

「休んでていいって言われても、目の前でそんなに働かれちゃ、落ち着いて休めないよ」

なんて冗談めかして、でも半分本気でストレスをぶつけてしまったことがあった。

「あー、そーですかトモコ。ともかく好きなようにして」

あれ、アリーナ先生を怒らせちゃったかなと心配していたら、その日散歩から戻ったアリーナは、

「トモコ、小さなサプライズがあるの」

と言って、野菜不足の私が思いっきり食べたいと言っていた好物のブロッコリーを差し

出してくれた。

「キャーッ、アリーナ、こんな嬉しいことしてくれて……あんたおれの彼女か！　でも本当に、誕生パーティといい、私ばっかりもらいっぱなしで、あたしは何をどうお返ししたらいいのよ？」

「だから、お返しっていうならサルデーニャへ来てって言ってるじゃない？　うちの親もあなたに会いたがってるんだから」

「あははは……。ますます彼女かい！　親に会わせるならロドリゴが先じゃないの？」

アリーナにくっついて、このままサルデーニャ島へ行けたらどんなにいいだろう、３食昼寝付きのバカンス、夢のようだわ〜。でもヨーロッパの滞在期限とか予算とか、現実的なことを考えると今回は難しそうだった。サルデーニャへは、別の機会にゆっくりと行ってみたい。

アリーナとは、もし学校で同じクラスになってもきっと仲良しグループにはなっていなかっただろう。いいとこアリーナが学級委員長で私が「うるさい！」と注意される役か、またはほとんどかかわらないか。でも一緒にオスピタレーロをやったおかげでこんなに距離が縮まって、これもひとつの「カミーノ・マジック」？

次のアルベルゲへ行っても、掃除しながら『でんでんむし』の替え歌を歌って思い出すからね、アリーナ先生のこと。それにいま、きこえてきたんだよ、「でっかいカタツムリを持って、来年はイタリアのサルデーニャ島へ行け」

そんな「声」が、「あっちのほう」から！

なーんて茶化して、またアリーナ先生に怒られるのを楽しみにしてまーす！

♪好きだぜ　やっぱり　アルベールゲー

「カンパーイ！」ってお前が主役かオスピタレーラ⁉

お助けオスピタレーロ３人組に囲まれて（右から２番目がアリーナ先生）

information

『アルベルゲ・パロキアル・サン・ミゲル』
ALBERGUE PARROQUIAL SAN MIGUEL

エステーヤ
（ナヴァラ州、スペイン）

宿のタイプ	カミーノ・デ・サンティアゴ 〝フランス人の道〟にある巡礼宿
期間	2015年8月16日～8月31日（15日間）
ベッド数	32
宿泊料	なし。寄付制、朝食付き オスピタレーロにより昼食や夕食も付く
おもな仕事	館内および庭の掃除、 洗濯、買い出し、チェックイン、 朝・夕食の準備と片付け
労働時間	6：00～23：00
休日	なし
寝床	オスピタレーロ室の2段ベッドを 同僚とシェア
食事	食材支給

※表記した宿の情報は筆者が滞在した当時のものです。

第3章

遺された者たち

『アルベルゲ・デ・ペレグリーノス・サン・ニコラス・デ・フルエ』
2015年9月5日〜9月15日（11日間）

スペイン　レオン州
ポンフェラーダ

アルベルゲの受付の前には大名行列ともいえる、ペレグリーノ（巡礼者）の列ができていた。30人、いや50人はいただろうか。ズラ――ッとね。２０１５年9月のはじめの炎天下、彼らはみな日に焼けて頬をほてらせ、汗をびっしょりかいていた。荷物をおろして、壁によりかかってぐったりしている者もいる。パテオにある噴水プールに足を入れて涼んでいる者もいる。

ここへ来る前にいたエステーヤはカミーノを歩き始めて7日前後のペレグリーノが多かったけれど、ここポンフェラーダはそんな彼らがさらに歩き続けて30日前後に到着するところ。カミーノの距離にすると両地点は４５８キロも離れていたから、バスや列車を使って一気にここへジャンプしてきた私にとってはペレグリーノの使用前、使用後を見ているようだった。

新品だったかもしれない彼らのTシャツは薄汚れてよれよれになり、ズボンには穴が開き、靴はホコリにまみれている。日に焼けた体からはぜい肉がそぎ落とされてたくましくなり、そのせいか眼光もするどくなったように見える。ゴールまであと10日あまりとなり、ペレグリーノとしての輝きが増している。つまりみんな男前になっている！　色気がある！　かっこいい！　疲れた感じがまたいいわ！　なんか、セクシー臭さえ漂ってるし。

このアルベルゲにはオスピタレーロが４人いた。今日から私も加わって合計５人。おじさん2名は受付のテーブルに座って、ペレグリーノの巡礼手帳にスタンプを押して、施設の説明をしている。女性のオスピタレーラは、コップに入ったジュースをペレグリーノに配っている。「はい、順番に受付やってるから、これ飲んでもう少し待っててね」

明日からこれをやるのか、自分も。もうひとりのおじーちゃんオスピタレーロは、チェックインが終わったペレグリーノを部屋へ案内する係のようだ。このアルベルゲにはユニフォームがあって、胸に〝HOSPITALERO〞と書かれた紺色のTシャツを着ているから、誰がオスピタレーロなのかがすぐに分かる。

受付に行って声をかけようとすると、

「ひょっとしてキミ、日本人のトモコかい？　ベンガ、ベンガ（おいで、おいで）、よく来てくれたね！」

先におじさんコンビのほうから声をかけられた。するともうふたりのオスピタレーロもやってきて、とたんに全員で自己紹介タイム。はるか遠くのアルベルゲからの移動もあって、みんなより5日遅れてやってきた私を、握手とハグで迎えてくれた。受付待ちの列がつかえていたってカンケーねー、カンケーねー！　かまわず中座して、こうやって自分たちの用事を優先しちゃうところがいかにもスペインらしいわ。〝巻き〞は誰からも入らない。

「ところでキミ、英語喋れるだろ？　よかった、俺たち全員、英語は苦手でね。助かるよ」

新しい仲間は4人全員スペイン人だった。

おじさんコンビは50代のお父さんで、名前はアンヘルとチョセ。もうひとりは孫がいるおじいちゃんのエルナンド、30代に見える女性はラウラといった。

広いスペイン、母国語でいえばチョセはガリシア語で、ラウラはカタルーニャ語だけれど、みんなで喋る時は共通語のスペイン語を使っていて、早口になると全然きき取れね――。スペイン人が会話の合間によくはさむ「ベンガ！（『おいで』『さてと』『じゃあ』『よし』『行け』などいろいろな意味がある）」ぐらいしかきき取れなかった。ベンガ！

5年後の「野戦病院」

この町ポンフェラーダのアルベルゲは、２０１０年のカミーノで利用したからよく覚えている。自分の本にも書いたのだ、「野戦病院系アルベルゲ」と。

ベッド数は１１０ぐらいだけれど、大きなサロンを開放してマットレスを敷けば１６０人までは収容できる、カミーノ後半で有名な巨大アルベルゲ。

　5年前に来た時は、地下の大部屋に通されてそこがまさに野戦病院のごとく、2段ベッドが20～30台ぐらい置かれただけの〝箱〟だった。天井が低くて、窓は上のほうに横長の明かり取り窓があるだけの、まるで〝金持ちのガレージ〟みたいな空間。荷物を入れる棚も、フックのひとつもないただの睡眠道場。しかも数あるベッドの中で自分が与えられたのは、右隣に強烈ワキガ＋爆音放屁のおやじ、左隣には最強イビキおやじ（トロンボーンおやじ）という、どっちに寝返りを打っても眠れやしない最悪ポジションで、そんな悪夢の思い出しかなかった。その地下部屋は、いまもそっくりそのままだったよ。チ～ン！

　しかし探検してみると、その地下部屋をのぞけば実は全体的にとてもいい設備を誇っているアルベルゲだった。

　地上階には明るい4人部屋や8人部屋があって、女子専用棟まである。いい部屋は早い者勝ちだから私は地下室送りになったんだろうね、きっと。正面から入っていくとすぐに大きなキッチンとサロンがあって、自炊するペレグリーノたちでにぎわっていた。

「ほら、ペレグリーノ、あと3分で消灯だよー。ゴー・トゥー・ベード！　庭にいる人は中に入って。カギを閉めまーす！」

　毎晩、夜10時の消灯前になると、私たち5人はそれぞれ館内に散らばって歩きまわり、こう言いながら館内の照明を落としつつ、ペレグリーノたちを寝室へと追いやった。

「ベンガ（ほら）、急いで！」

手をパンパンたたきながら彼らをせかす。まるで子供たちを誘導する幼稚園の先生か、羊を柵に追いやる羊飼いみたいに。これぐらいオーバーにやらないと大人数は動かせないからね。子供も学生もエライ人も無職も関係なし。ペレグリーノはみな平等。

「はい、みんな寝た寝た――！」

そして羊追いの儀、いや、ペレグリーノ追いが終わると私たちはキッチンに集まって夕食をとる。

ありがたいことに、ここにはオスピタレーロ専用のキッチンがあるから、何の気がねもなく食べて喋りまくって、洗い物も翌日まで放置できるのだった。いままでのアルベルゲと比べると、天国のような恵まれた環境。しかも仲間たちからこんなステキな情報までもらった。

「朝番の人は6時ぴったりに門のカギを開けて、館内の照明をつけてまわる。5時40分起きだからちょっとキツイけど、でもあたしたち5人いるから、朝番は5日に1回しかまわってこない計算だ。それ以外の日は7時前まで寝てていいんだよ」

何だって？　7時まで寝てていいって？？？

「おぉ、ディオス・ミオ、ディオス・ミオ（我が神よ）、グラシアス！（ありがとう）」

私が大げさに、ソフィアばーちゃんのように胸の前で十字を切って喜ぶものだから、アンヘルが、

「日本人は仕事が好きなんじゃないのかね？」

と言って笑った。

朝が得意なひと――？

カミーノ・デ・サンティアゴの世界というのは、基本的に早起き大好き人間たちによる早起き万歳ワールドで、その点ではなんで自分がこの世界にまぎれ込んでいるのかよく分からない。

ペレグリーノたちは競うように、夜明け前のまだ暗い時間から懐中電灯を持って歩き始めるし（ひどい場合は4時半とか）、オスピタレーロたちもそんなペレグリーノを応援しようと、とんでもない時間から起きてコーヒーをいれることに喜びを見出したりしている。

しかし自慢じゃないが私は朝が苦手なんです、ソーリー、ソーリー（平謝り）。

いや、朝というさわやかな時間帯は大好きなんですけどね。苦手なのは睡眠時間が少ないことと、起きてすぐに人と接すること。

しかし、こういうアルベルゲ生活では、起きた瞬間から同じ部屋にいる誰かに声をかけられ、外に出れば用事のひとつも言いつけられて即、本番が始まる。出発前のペレグリーノに「一緒に写真撮りましょう」ともよく言われるけれど、何枚撮られても自分の寝起き顔はモンスター以上におそろしく、「消去して」とお願いしても10分後にはメールで送られてきたりする。おそるべし、早起き集団。

生前、うちの母もそうだった。朝起きて、私が実家の台所に顔を出すと、

「おはよう！」

から始まって、それで終わればいいんだけど、

「あんた昨日、洗濯物を2階に持っていくって言ったくせに、また階段んとこに置きっぱなし。もー―っ、ジャマだから早く片付けてよね。あ、それから見てよこの朝顔、ついに咲いたの。死にかけてたからもうダメだと思ったんだけどさー。あとほら、昨日買ってきたこのチョッキも見て！　スギちゃんみたいでしょ、『ワイルドだろぉ』。あはは。えっ、あんた、スギちゃんも知らないの？　少しは日本のことも勉強しなきゃダメだよ。……あらやだ、午後雨だってよ。……ｉＰａｄの調子がまたおかしいから、あとで見といてくれ

る?……」

　という具合に一気に話し始める。その勢いに、まだ半分寝ている私は黙ったまま、我が母親を珍しい生き物のように感じ、そのあと「はぁ、分かった」と適当に返事をしてトイレ等に避難していた。母はこの時、起きて15分ぐらいはたっていたのかもしれないけれど、観察してみると、起きて3分ほどの時も昼間と変わらぬテンションになっていた。これは熟年のオバチャン特有の傾向かとも思ったけれど、母は若い時からこんな調子だったのだ。ここのアンヘルやチョセ、おじさんチームも朝からすごい勢いで喋っているから、性別とか年齢はカンケーないのかも。

　朝7時半のチェックアウトの時にも〝羊追いの儀〟がある。

「ベンガ（さぁ）、ペレグリーノ、急いで。カミーノに出かける時間だよ。ブエン・カミーノ、ペレグリーノ！」

　追われるほうにとってはたまったもんじゃないだろうけれど、追うほうは手をパンパンたたいて口を動かすだけだから簡単だ。

　そのかわり、このアルベルゲはペレグリーノを追い出してからの掃除が大変だった。何しろコの字型をした3階建ての大きな建物で広い庭もあるから、毎日、役場から派遣されるお掃除レディふたりや庭師に手伝ってもらって、総勢9人で手分けしても3時間以上はかかる。

オスピタレーロは全員、トイレをひとり1か所ずつ受け持つことになって、私ともうひとりの女性オスピタレーラ、ラウラは庭の奥にあるシャワー小屋の担当になった。男女別に、トイレとシャワーブースが4つずつある。

「ベンガ――――！（よっしゃ――）」

もう、なんでも「ベンガ」だと、気合を入れてみたけれど、まだ朝の8時前。朝日がキラキラとブドウ棚を照らし始める時間帯からゴム手袋をはめて、向かう場所がトイレというのはあまり嬉しくなかった。できればテーブル拭きぐらいから始めて、徐々にハードな仕事へと移行したいものだけど……。

「行くよ、トモコ！」

ラウラに背中を押されてのっそり歩く日本人。

もう3軒目だから掃除用語ぐらいは覚えた。

グアンテス（手袋）、エスポンハ（スポンジ）、レヒア（漂白剤）、クボ（バケツ）、フレゴーナ（モップ）、エスコバ（ホウキ）。

掃除は特別なことはないけれど、家だったら（私だったら）年末大掃除でしかやらないところも日常的にやるのが大きな違いだった。そしてこの手の作業スピードに関して自分は、ほかのオスピタレーロよりのろいことも分かってきた。スペイン人もラテン系だから喋ってばかりで働かない人種だと思っていたけれど、みんな黙々とスピーディーに仕事をこなしていた。さすが、オスピタレーロを志願するような人たちは違うわ（自分以外）。

ラウラもてきぱきと動く。彼女はいつも私よりだいぶ早くトイレ掃除を終わらせて、とっとと地下の野戦病院の掃除にとりかかっていた。

ラウラ・LAURA

遅れて野戦病院へかけつけると、ラウラはその日も、

「ベッドシーツと、ピローケースはもうはずし終わったから。床掃きからやっていこう！」

と、スポーツジムのインストラクターみたいな口調で言った。そして私の心の中で行われている「掃除やだなー」「地下部屋やだなー――」のグチ大会を見透かしたように、パンパンと手をたたいてグチばらいをしてくれる。

「はいトモコ、早く終わらせて今日はビールを飲みに行こう！」

こうやって私の意識をビールドリームのほうへ向けてくれるのだ。

彼女とは寝室も同じだったけれど、この掃除の時間が私たちのトークタイムになっていた。男女のトイレは天井がつながっていたから壁越しに話して、野戦病院ではお互いに巨大なクイックルワイパーみたいなのを持って手を動かしながら喋る。ラウラが部屋の奥から、私が入口のほうから、ゴミやホコリをかき集めながら。


背が低くてふくよかな彼女は、モンチッチみたいに髪が短くて肌が子供のようにツルッツルだった。彼女はバルセロナから車で2時間ぐらいのところにある、20世帯しかない集落で生まれ育って、近くの町の水道会社に通勤していると言った。私と同じ2010年に〝フランス人の道〟を歩いて、オスピタレーロはここで3軒目というのも同じ（彼女は3軒連続ではないが）。

若く見えるけれど実は41歳で私とふたつしか変わらない。そのへんの、ざっくりとした人生年表はすでに知っていたんだけれど、そこから少し踏み込んだのは3日目のことだった。

最近仕事はどうなの、と彼女からきかれてこう答えた。

「仕事は物書きって言ったけど、実は去年母を亡くして、そのせいだけってわけでもないんだけど、最近はあんまり執筆はしてないんだ。離婚して本を出して、そのあと1年ぐらいシルクロードの旅に出て、日本へ帰ったら母の闘病が始まっちゃって。なんか人生バタバタしているうちに、東京からも出版業界からも遠ざかっちゃった。いまはやる気も時間も十分あるんだけど、具体的に何をどうしたいのか分からなくて。だからこうしてオスピタレーロも人生経験だと思ってやってるの」

するとラウラも1年前にお父さんを病気で亡くしたと言った。初カミーノも同じ時期なら、大きなつらい経験をしているのもお互い同じような時期だった。彼女のお父さんは肝性脳症という、肝臓が悪くなって意識障害が起こる病気で、闘病生活は厳しいものだったらしい。

母が死んでから、親を亡くすという絶望や悲しみは、経験した者にしか分からない、経験した者同士のみが通じ合える〝何か〟があると感じていた。ラウラも自分と同じ〝経験者〟なんだ、と思った。

「父の一周忌はつい最近、終わったばかりなの。父が逝ったのは、去年の夏の終わりだったんだ」

ラウラは言った。ちなみにいつだったのかと日にちをきいてみると、

「8月29日」

その瞬間私は、

「あ、私の誕生日だ」

小さな声で言ってから、そんなことを言われても嬉しくもなんともないだろうと思い、

「そう、大変だったね。まだ1年しかたってないんだね。少しは落ち着いた？」

と話を元に戻した。

「うん、まぁね。まだ時間はかかるだろうけど」

そしてお互いの遺された母や父についても話した。今度はラウラがうちの母の命日をきいてきた。

「うちはもう1年半たったところかな。1月8日だったの」

「ウソだ、1月8日、私の誕生日」

私たちはお互いに巨大クイックルワイパーの手を止めて見つめ合い、首をかしげた。

「……………はっ？」

「……………本当に？」

少し頭が混乱した。お互いの誕生日が相手の親の命日だなんて。

以前カミーノを歩いていた時に、生年月日が自分とぴったり同じ日本人女性に出会ったことがあるけれど、その時みたいに「イェ――イ！」と驚いて抱き合うのとは違う、少し

屈折した、変な偶然。頭の中で線と線が交差したXの文字が思い浮かんだ。フシギなつながり。

　そのことが発覚してから、私とラウラの関係はリラックスしていったような気がする。

　毎朝、ラウラは部屋で支度をしながら、彼女が持っているオラクルカードを私にも引くようにすすめてきた（ここにもいました、スピリチュアル！）。オラクルカードというのはタロットカードよりもメッセージ性の強いカードで、天使とか妖精の絵が描かれている。

「トモコ、今日もいいのを引いたね。このカードの絵は、死者が天使になって見守ってくれるって意味だよ。死んだ人、たぶんトモコのお母さんは安心して眠っているから、あなたはもう心配しないでいまを生きなさいって言ってる。つまりだよ、今日こそ100パーセントあなたのタイプの、かっこいいペレグリーノが現れるから野戦病院の掃除ぐらいがんばってやりなさい、っていう意味だよ。ははは、ちょっと強引だけど」

　ラウラはそんなふうに解説をしてから、お守りだと言ってそのカードをいつも私のベッドサイドに飾ってくれた。そして言うのだ。

「さぁ、今日も私たちにとって最高の1日になるよ。バモス！（さぁ、行こう）」

スペイン語強化合宿 in 中米

「あっははは、トモコが面白いスペイン語喋っとる。スペイン語、どこで習った？」

「グアテマラです！」

また笑われた。分かってますよ、カタコトのくせに中米独特の言い回しや言葉が出てしまうことは。

スペインからはるか遠くの中米のスペイン語は、ここではおのぼりさんっぽく響くのか、こうしてよく笑われた。カタコトの日本語を喋るガイジンさんが栃木訛《なま》り、みたいなものか。

本格的にスペイン語を勉強したのは前の年に中米のグアテマラを旅していた時だった。

グアテマラは世界で一番スペイン語を安く学べる地としてバックパッカーのあいだで有名だ。なかでも、景勝地アティトラン湖の湖畔にある村に1、2か月滞在して、空気のいいところでトルティーヤでも食べながらスペイン語をみっちりたたき込んで中南米旅行というコースが人気で、いつか自分もやってみたいと思っていたのだ。

滞在したサン・ペドロ・ラ・ラグーナという村は、「村人の学校よりも、外国人のためのスペイン語学校のほうが多いのでは？」っていうぐらいの聖地で、レッスン料は「こんなに安くていいの⁉」っていうぐらいに安かった。マンツーマンレッスンで１時間３００円とか。

激戦区だからスクールごとにフリードリンクだのフリーＷｉ－Ｆｉだのといろんなサービスをつけていて、そんなスクールの説明をきいてまわるだけでも面白いんだけど、私はジュース屋台に「安心料金」と貼り紙をしていた個人の先生にお願いした。だって、大きな団体よりもなんだか気になるじゃないの！

約束の時間に現れた先生は、細かい刺繍が入った巻きスカートと上っぱりという格好で、おだんご頭にすっぴん、素足にはサンダルをつっかけていた。つまり、美しい民族衣装を着た先住民マヤ族の女性だったのだ。元気な彼女は私と会うなり、

「わー、あなた、あたしとタメ年じゃん！」

と言って明るい笑顔を見せてくれた。そして、

「あたしシングルマザーなの。娘が小学校に入るから、お金がいるんだ。どこよりも安くするからこの仕事、私にやらせてくれない？　これでも元教師だから腕には自信があるわ。１か月でスペイン語を喋れるようにしてあげる」

と英語で言ってきた。

教室は、彼女が山の中腹に建てた小屋だった。小屋といっても、ちょっとした囲いがある程度で、ほとんど青空教室。トタン屋根の下にはイスとテーブルが置かれていて、大雨が降れば水が横から入ってきて濡れたし（雨季だった）、夕方になると蚊をたたき殺すのに必死で授業に集中するのが難しかった。Ｗｉ－Ｆｉはもちろん、黒板さえないけれど、そんなの別にいい。広告紙の裏にペンで書きなぐりながら授業を進める先生のやり方が気に入った。

「じゃあ、歩くという意味の動詞、〝カミナール〟の五段活用を3回連続で、ノートを見ないで言ってみて！」

「カミーノ、カミナス、カミーナ、カミナモス、カ、カ、カミナン……」

「はい、つっかえた、やり直し。じゃあ今度は立って、あっちの山を見ながら言ってみて、もう1回！……はい、もう2回！」

「次は形容詞ね。ここから見える景色、いま起こっていること、なんでもいいから形容詞を使って文章を5つ作ってみて」

先生はそのへんの木から折ってきた30センチぐらいの枝を指示棒がわりに使っていた。外の景色を指差したり、私が間違えたりすると枝の先で机をトントンとたたく。先生のテンポにのせられて、たくさんの言葉を言わされた。

「え——っと……。あの木は高い、空が青い、この湖はきれい、鶏がうるさい、足が……あれ、〝かゆい〟って何て言うんでしたっけ？」

山の中でふたりきりの猛特訓。気分はさながら『少林寺』か『ベスト・キッド』（80年代）。

先生のもとで毎日2時間みっちりと学んで、宿に帰ると屋上で湖を見ながらひたすら宿題を片付けて単語を覚えた。頭には「必勝」ハチマキ、ぐらいの勢いで集中。宿のスタッフ（みんなマヤ人だった）たちにも積極的に話しかけた。やる気！　根気！　本気！

中学や高校では出てこなかったやる気がこれだけ出てきて、「勉強＝面白い」とさえ思えた43歳の自分。なんでなんで？　自腹で授業料を払ってるから？　いや、先生の腕がいいから？　それはもちろんだけれど、思うに、40をすぎて肉体は下り坂をすべり始めたところで、知識面ではまだ向上できるんだと体感できたことが嬉しかったんだと思う。人生向上委員会。そうして私は「スペイン語が少し話せる人」に生まれ変わった。スペック向上！

チョセ・XOSE

ベンガ（さてと）、話はアルベルゲに戻りまして。

おじさんオスピタレーロコンビのひとり、チョセは生まれも育ちも、現在の住まいもサンティアゴだった。

「サンティアゴって大きな町だけど、いままでサンティアゴ出身の人に会ったことってなかったんですよね。ご自宅から、近所の大聖堂まで歩けば巡礼は完結ですね？」

「あはは、うちから大聖堂まで歩いて30分だよ。それも巡礼って呼ぶのかね？」

サンティアゴ・デ・コンポステーラは聖地、大聖堂のことも指すけれど、町の名前も同じで、正式にはサンティアゴ・デ・コンポステーラ市という。

元数学教師の彼はひょろっと背が高くて、白髪頭を七三に分けて、四角い銀ぶちメガネをかけていた。引退して何年もたつらしいけれど、見た目はいまも、絵に描いたような数学の先生だ。

「私たちがカミーノを歩くのとは違って、目的地へ〝向かう〟っていうよりは、家へ〝帰る〟っていう感じなんですか？」

「いや、たぶんみんなと同じで、大聖堂の前のオブラドイロ広場に立つ瞬間はすごく興奮するし、感動するよ。いままで19回ゴールしたけど毎回ね」

「えっ……いま、19回って言いました？」

「そうだよ。今年はパリから歩いたよ。１７２８キロ、62日かかった。つい最近やっと、いままで歩いた分の記録を整理したもんでね。だからなんでもきいて」

チョセはそう言って、この夏まとめたという彼のカミーノ年表を見せてくれた。

彼は１９９９年から２０１５年までのあいだに、本当に19回もカミーノを歩いていた。それも１週間程度の短いものが中心かと思いきや、ほとんどが1か月以上かかる８００キロ、９００キロのロングカミーノ。東京から広島ぐらいの距離を何回もだ。

具体的には〝フランス人の道〟の世界遺産の区間は5回も歩いて、それよりも長い距離を5回。フランスのレ・ピュイというところからサンティアゴまでも１５２２キロ歩き、スペイン南部から始まる〝銀の道〟はセビーヤから１００４キロ、去年はローマからサンティアゴまで……２８２４キロ!?

「えっ、えっ、……ちょっと、すごすぎるんですけど。あの、すごすぎてもう、フツーの質問しか思いつかないんですけど、どうでした？　たとえば今年の、パリからの62日間のカミーノなんていうのは？」

「まぁ、わりと平坦で簡単といえば簡単だったよ。1週間ぐらい、砂漠みたいというか、やわらかい砂の上を歩くところがあってね、そこだけ苦労したかな」

「簡単」って……。チョセはフルマラソンを終えた人みたいにあっさりと言った。

62日間といえば、私が四国のおへんろを歩いた時が64日だからあれぐらいの期間か。でもその倍近い距離も彼は歩いている。

こんな大先輩を目の前にして、〝フランス人の道〟と〝北の道〟を1回ずつ歩いただけでカミーノのことを知った気になっている自分が恥ずかしくなってきた。チョセは毎回カミーノをひとりで歩いていると言った。

「カミーノって、何日間もひとりになれるところが素晴らしいと思うんだ。道の上ではひとりだけれど、それと同時に、いざという時には相応の人がいることも分かっているからね。不安なことは何もない。それから僕、時には道しるべがないところを歩かなきゃいけないのも、いい経験だと思うんだよね。森の中で迷って、かと思ったら嵐がやってきてずぶ濡れになって、やっと町にたどりついたと思ったら、無愛想な町で気に食わなくてもっと歩いちゃったり。そしてやっと見知らぬ村に着いて、宿を探し当てた時には夜もふけている。そこでやっと気がつくんだ。〝あ、俺、12時間も荷物を背負いっぱなしだ〟って。そういうのがいい。完全に、カミーノに身をゆだねる。カミーノでは予期しない事態がたくさん起こるけど、1日の終わりにはすべてのことが解決しているんだ」

　マドレ・ミーア！　すごい達人が目の前にいたよ。こんな人と一緒に働いてたのか、今日まで。

　チョセの「1日の終わりにはすべてのことが解決している」という言葉が印象に残った。おそるべし、素晴らしき、魔法のようなカミーノ・デ・サンティアゴ。なんだか歩きたくなってきちゃったな。


　夜になってから、部屋でラウラにチョセのカミーノ年表のことを話した。ラウラは私以上に詳しかった。

「トモコ、なんでチョセがあんなにカミーノを歩いているか知ってる？」

　いや、理由まではチョセにきいていなかった。

「チョセはね、15年前に、息子さんを交通事故で亡くしたんだよ」

……………えっ？

「うん、息子さんに死なれてペレグリーノになったんだ。現役教師だった頃は季節の休みごとに歩きまくって、退職するやすぐさまパリまで飛んで行って、レ・ピュイからサンティアゴまで通しで歩いたんだって。この世の中に、我が子に先立たれるほどつらいことってあると思う？　それも亡くなった息子さんは19歳。バイク事故だよ。もう、父としては歩くしかなかったんだろうね。靴の裏がすり減るまで歩いて。息子さんと話をしたかったのかね。お母さんを亡くしたトモコが、寒い〝北の道〟を歩いた時みたいに」

バイク事故、19歳……。チョセは、何の心の準備もなく、ある日突然、愛する息子にあの世へ行かれてしまったのだ。そのショックって、想像もつかないけれど、精神的にはもちろん、肉体的にも耐えられたものじゃなかっただろう。うちの母は、それなりの年齢で闘病期間もあったから、まだ心構えはできた。でももし突然のことだったら、きっとしばらくは何も手につかず、抜け殻になってしまうだろう。そのあとで人は、しかるべき時にカミーノへ向かうんだろうか。

「そのレ・ピュイから歩いたカミーノで、チョセはアンヘルと知り合ったんだ。以来ふたりは意気投合して、去年、ガリシア州のアルベルゲでふたり一緒にオスピタレーロをやって、今年もまた同じアルベルゲで働きたいって希望を出したらここに派遣されたんだって。アンヘルはまだ50代だけど、大きな息子がふたりいるんだよ、バツイチだけど。ああ見えて彼は現役の物理学者だからね、バカばっかり言ってるけど」

ラウラはふたりのことを愛おしい友か、息子たちのように説明した。ラウラは最年少だったけれど、みんなのお母さんみたいだ。

キッチンでふざけるチョセ（左）とアンヘル（右）

「あたしも入れて――！」と参加する日本人

「ペレグリーノ・グアポ（guapo＝ハンサム）」をチェックイン中のラウラ

「やっぱ人間生きてると、いろいろあるよね、ラウラ」

喋る時に、いつも相手の名前入りで喋るラウラの習慣を、私もとり入れるようになっていた。

「うん、それを1個ずつ乗り越えて進む。人生もカミーノと一緒だよ、トモコ」

「あたしの人生は、山が多くてカミーノ〝北の道〟って感じだな。〝フランス人の道〟みたいに平坦だったらよかったんだけど」

「何言ってんのトモコ。山はハッピーの山かもしれないいじゃやないの！」

「そうだそうだ、いいこと言うね、ラウラ！」

ホデール！（JODER！）

毎晩、オスピタレーロ全員でテーブルを囲み、ディナーを食べる時の話題はだいたい翌日のまかないについてだった。さぁ、明日は何を食べようか、何が食べたいか。チョセとアンヘルが積極的に食べたいものをじゃんじゃんあげていった。

「トルティーヤもやったし、チョリソーも食ったし、レンズ豆のスープもやったし、……

（ホデーッ！）。もう食うもんねーじゃねーかよ」

「トモコ、何か日本食でも作ってくれよ。たとえばスシ！（ホデーッ！）食いてーなー」

こんな調子なのだが、彼らの会話の合間に「ベンガ」と同じぐらい頻繁にはさまれる「ホデーッ」みたいな発音の単語が、ここへ来た時から気になっていた。ソフィアのアルベルゲにいた時も、娘のローラやご近所さんがよく使っていたけれど、発音がはっきりしなくて拾えなかった。南米や中米では耳にしたことがない単語。

いったいどういう意味なのか、ある日きいてみると全員に爆笑された。

「トモコ、ホデーッ！　あははは、こりゃいいや、ホデーッ！」

何かしらの性的な意味を持つスラングなのだろうという察しはついていたけれど、やっぱりそうだったのね。

【JODER!】

発音は、カタカナで書くと「ホデール」が近いけれど、頭のJOは実際には「ホ」と「ゴ」のあいだぐらい。勢いよく言うと、最後のRは舌を巻くだけで音はきき取れず「ホデーッ」にしかきこえない。意味はファックまたはファック・ユー。

でもチョセやアンヘルたちの使い方を見ていると、英語のファックとは似ていても使い方が微妙に違っていて、スペインではもっとカジュアルに、感嘆詞感覚でも使われているみたいだった。

日本語にすると「うわー」とか「おぉ」「まいった」「すげー」「やるじゃん」「何なの」「しまった」「げげっ」という感じか。若者たちの「ヤバイ」にも似ているか。調子合わせというか、場つなぎ的にも使われるから、何とでも訳せるのだ。「まぁね」「いやはや」「おっと!」……だからそのへんの感覚を知らずに「何て汚い言葉!」なんて批判すると、「ホデール! あんた、教科書でしかスペイン語を勉強していませんね」となるわけで。実はスペインで一番よく耳にする言葉かも。JODER!(ホデール!)。


ホデール、とにかく私は何か日本食のまかないを作らなきゃいけなくなり、ある日カレーを作った。日本のルーや電気炊飯器がない状況下でカレーを作るのは慣れているから、我ながらうまくいった。ニンニクやショウガ、カレーパウダー、バジル、クミン、ターメリック、チリ、スープの素を使って肉野菜を煮込んで、仕上げに茶こしで小麦粉を振り入れてとろみをつけていい感じ。

ところが辛さはひかえたつもりでも、カレー慣れしていないスペイン人にとっては辛すぎたようだった。

「うまいけど辛いよ、ホデール!」

「勘弁してくれよ、ホデール！」

みんな口でフーフー冷まして、ガブガブ水を飲みながら食べていた。長年アルベルゲに住み込んでいる庭師であり、陰のボスでもある80歳のエバリストなんて食べもしないで「無理！」と言い放った。あんなうまい日本風カレーが食べられないなんて、かわいそうに。

ペレグリーノたちとのビッグ・ディナーもいいけれど、仲間5、6人でホデール、ホデール言いながら食べる一家団らんディナーもまたいいんだな。

オスピタレーロが5人いるこのアルベルゲのメリットは、仕事と休憩をうまくまわしていけることだった。働きもするけれど、息抜きも大事だし、せっかく来たんだから観光もしよう、というまともな（？）空気がここにはあったのだ。朝の掃除の途中、10時半にお掃除レディたちに「お茶の時間よ、休みましょう」と言われた時は嬉しくて涙が出そうだったよ。「お茶の時間」!!

アンヘルとチョセはしょっちゅう町のバルをはしごしていた。ポンフェラーダのバル街はその安さでも有名で、ワイン1杯が70セントなのにタパス（つまみ）のハムまでサービスでついてきたりする。

私とラウラはある日、ちょっとかっこよくて面白いスペイン人のペレグリーノを誘って飲みに出かけた。彼はここから〝フランス人の道〟をそれて、この町から始まる〝カミーノ・インビエルノ（冬のカミーノ）〟を歩いてサンティアゴまで行くと言った。

「そんなマイナーな、観光協会が昨日や今日作ったみたいなルートを歩くのはきっとあなただけよ」

「ホデール！　何言ってんの、だから歩くんだよ、静かに歩きたいから。でももし、行ってみてたいしたことなかったら、あとは電車で飛ばすかも。ここからサンティアゴまでだって、電車だと3時間だからね」

「え、たったの3時間？」

そこでとたんにサンティアゴへの思いがわいてきた。

思えばオスピタレーロをやること自体、仮の案だったのに、気がつけば連続して3軒ものアルベルゲで働いてしまった。その仕上げに行くところといえば、私もやっぱりサンティアゴしかないんじゃないの？　大聖堂の前に立つほかないんじゃないの？　この夏出会ったペレグリーノたちとどれだけ再会できるかは分からない。でも、行ってみようか、オスピタレーロ！

死者との対話

そんな思いを持って迎えた最終日。

みんなより1日早くアルベルゲを去るラウラを駅まで見送りに行った。そのあと新オスピタレーロ4人が到着して、歓迎と引継ぎの儀が行われた。

新オスピタレーロたちは私たちのチームより平均年齢がさらに上、というかぐっと上のじーちゃんばーちゃんたちだった。支給された新しいTシャツを着て、さっそくデスクに座って老眼鏡をかけ、ペレグリーノの巡礼手帳をのぞき込む〝ニュー爺〟や〝ニュー婆〟たち。よしよし、あたしもばーちゃんになってもやってやるぞ、オスピタレーロ！

しかしそんな彼らをかたわらで見守っていると、「おれたちの時代はもう終わったのか」という切ない気持ちに襲われた。

今回のボランティアはたったの11日間だったのに、なんたる愛着、チーム愛。ラウラ――ッ、楽しかったよ――っ！　帰ってきてくれ――っ！（涙）

淋しさでポカンとしていると、見覚えのある年配のペレグリーノが荷物を背負ってゆっ

パスタ自炊組、買ってきたハムやワインを食う人飲む人……今日もキッチン大盛況！

亡き戦友たちとカミーノを歩いているというおじいちゃん（エステーヤにて）

くりと門のほうから歩いてきた。

戦死した仲間のためにカミーノを歩いていて、仲間の遺品のピンバッジをたくさんつけたデニム地の帽子をかぶっているおじいちゃん。その帽子も、短パンと茶色いハイソックスも、ここへ来る前にいたエステーヤのアルベルゲで会った20日前と変わっていなかった。

「仲間のために歩いているっていうよりは、仲間と一緒にカミーノを楽しんでいるんだよ。あいつらはこんなに美しい道を歩くこともなく逝っちゃったからね。〝ほら、こんなにひまわりが咲いてるぜ、見ろよ〟〝ちょっとこの村で1杯やってこうよ〟ってね。心はいまも一緒なんだ」

20日前、彼はそう話してくれた。いつ起こったどの戦争の仲間なのかはきかなかったけれど、死んだ母にボソボソと話しかけながら歩いた自分の冬のカミーノのことを重ねていた。母の幽霊や亡霊と歩いている、という感じではなかったけれど、「心はいまも一緒」。

そしていま、目の前に現れたおじいちゃんを見ていたら、今度はその冬のカミーノで見かけたある韓国人の青年の姿がふと頭に浮かんできた。

まだ学生にも見えた小柄な青年は、長さが1メートルぐらいある木の十字架を背負って〝フランス人の道〟を歩いていた。彼はその年か前年に起こったある船舶事故の生存者なのだとみんなが噂していた。高校教師である彼は、同じ船に乗って犠牲になった生徒たちのために歩いていたのだ。海の底に消えてしまった仲間や生徒たちのために、真冬に、大きな木の十字架をかついで……。

誰かに死なれて歩くという行為は何なんだろうか。歩いたからって彼らが生き返るわけでもない。

天候や体力の面から、少し迷っていた冬のカミーノを決心したのは、グアテマラでスペイン語を勉強していた時だった。忘れもしない、1年前の2014年11月2日の〝死者の日〟。

毎年、〝死者の日〟になるとグアテマラの人たちは、家族みんなで墓の前に集まって、日本の花見みたいに弁当を広げて故人について語り合う。それも飲んだり歌ったりして、盛大に、思いっきりハッピーに。その楽しい光景を見ながら、自分がこの域に達するためには、まだ何かが足りていないと思った。

母の死を受け入れるための、何らかの儀式みたいなものが自分には必要なんじゃないだろうか。よく考えてみたら、あれからまだ思いっきり泣いてもいなかった。

「これが終わったら、あんた、自由に好きなところへ行っていいからね」

死ぬ前、普通の会話ができなくなる少し前に、母は言った。「これが終わったら」……。

酸素マスクを通して母の体内に送り込む酸素の量は、強風かと思うほどまでに増えていた。放っておけば10秒に1度ぐらいの頻度で母はその不快なマスクに手をかけて外し、自ら酸欠地獄を招いてしまう。「ごめんね」と言いながら、そのやせ細った手をつかみ、酸素マスクを母の口元へ戻すのが娘である自分の仕事だった。何度も、何度も……。紙オムツをして寝たきり、薬の副作用で頭脳のレベルは下がり、まるで幼い少女のように感じられた。しかし、そんな状態になっても母は娘の疲れを見抜いていた。そして気遣った。

だから言われた通りに中米とか行ってみたけど、ダメだったよ、お母さん。まだ何かがつかえているんだよ、終わってないんだよ。たまってるんだよ。

それをはき出すための最適な場所、方法、つまり儀式といえばもうカミーノ・デ・サンティアゴしか思いつかなかった。そのカミーノがボランティアにつながって、今日の自分に続いている。

458キロぶりにまた同じ日本人のオスピタレーロに「ボンジュール！」と声をかけられたフランス人のおじいちゃんは、私に気がつくとニッコリと微笑んで挨拶を返してくれた。

「ボンジュール！」

以前よりもだいぶ日に焼けて、少しヒゲが伸びていた。亡き戦友たちとの対話は、この20日のあいだにどれだけ進んだのだろうか。

オスピタレーロをやりながらも時々母の声がする。

「あんた、ダメだよズルしちゃ。そこの汚れも、ちゃんとタワシでこすらないと！」

チョセも亡くなった息子さんの声を聞きながら、ラウラもお父さんの声を聞きながらここでオスピタレーロをやっていたんだろうか。

ホデール！

いつもそこにある、サンティアゴ・デ・コンポステーラ（2015年の修復時）

information

『アルベルゲ・デ・ペレグリーノス・サン・ニコラス・デ・フルエ』
ALBERGUE DE PEREGRINOS SAN NICOLÁS DE FLÜE

ポンフェラーダ
（レオン州、スペイン）

宿のタイプ	カミーノ・デ・サンティアゴ 〝フランス人の道〟にある巡礼宿
期間	2015年9月5日〜9月15日（11日間）
最大収容人数	160
宿泊料	なし。寄付制
おもな仕事	開門・閉門、買い物、 館内および庭清掃、チェックイン、 まかない調理
労働時間	6：00〜22：00
休日	なし
寝床	オスピタレーロ室の2段ベッドを同僚とシェア。オスピタレーロ専用のトイレ・シャワー、キッチンあり
食事	食材支給

※表記した宿の情報は筆者が滞在した当時のものです。

第4章

26歳のボス（ヘフェ）

『MIA HOSTELS ASILAH（ミア・ホステルズ・アシラ）』

2015年10月20日〜2016年1月5日（2か月半）

モロッコ

アシラ

「クービーーーッ♡」

スペイン人の彼女は、甘ったるい声で自分の彼氏であるホステルのオーナー、クビを呼んだ。クビはモロッコ人の26歳の青年で、ここでは私のボスでもある。

スペインを出た私は、モロッコの北部沿岸、アシラという町の旅人宿の受付に座っていた。


「さぁ晩メシだ、買ってきたワインを開けて飲もう、生ハムも食おうぜ！」

クビの相棒であるもうひとりのオーナー、イスマエルはスペイン語で言った。イスマエルも同じく26歳で、彼はモロッコ人とスペイン人のハーフ。まったくこのお坊ちゃまたち、人に留守番をまかせて、こんな遅い時間まで遊んできていい気なこった！

彼らはその日、この町から車で2時間のところにあるセウタという町へ買い出しに出かけていた。セウタはアフリカの北東部にあるスペイン領の町で、日用品や電化製品、特にお酒なんかはモロッコよりも安くていいものが手に入る。バル（バー）のテラスで普通にビールも飲めるし、女性がタンクトップで通りを歩いていてジロジロと見られることもない。つまりモロッコ人にとっては買い物天国で、外国人にとっては羽を伸ばせる近場のパラダイスなのだ。だから気持ちは分かるよ、備品のまとめ買いをかねて遊びたくなる気持ちも。

でもこの日、夕方5時に戻ると言われて、彼らが戻ったのは夜の11時前。「遅くなる」

という電話をもらったのも9時すぎっていうのは、ちょっと遅すぎないかい？　しかもこの留守番っていうのが、

「レセプションデスク（受付）に座って電話番と客待ちをしてほしい。掃除や洗濯以外は、席を離れないで」

という拘束に近いもので、慣れない場所に15時間も放置されていたもんだから、来たばかりの新人は身も心もぐったりよ。

閑散期のせいか、客は腹の突き出たクマさんみたいなアメリカ人のじーさんひとりだけだった。朝イチからじーさんの「インターネット」が「イーナネー――ッ」にしかきこえないアメリカ英語長話につかまって、フロントの大きなガラス戸が開かなくなるというハプニングまであって、終日、まさかの閉じ込められ状態。

客なんて来やしないし、楽しく喋れる相手もいやしねぇ。受付の電話も鳴りやしねぇ。たまに鳴ってもモロッコ語で分かりゃしねぇ。そうやって時間がたつにつれ、「来て2日目のボランティアに宿をまかせて、自分らはのん気に買い物旅行かよ」、という怒りがふつふつと湧いてきた。バカにすんなよ、と思った。ナメんなよ、と思った。プータ・マドレ（お前の母ちゃん……）、と思った。日本人がお人よしだと思ってうまく使いやがって！　そんな怒りの頂点10回目ぐらいの時に、彼らがこうしてキャピキャピと帰ってきたんだよ、

まったく！

「でも、ほとんど座ってるだけだったから、ラクだったでしょう？」

クビに言われて、このカーリーヘアと黒ぶちメガネの若造オーナーがいっそう嫌いになった。

「あのね、最初から留守番15時間ってきかされてるのと、9時間って言われてそれが15時間に延びるのとでは、精神的な疲れが全然違うんだから、分かる？　ヘフェ！」

ヘフェというのはスペイン語でボス、上司のことだ。

「ヘフェなんて言わないでくれよ。友達じゃないか、クビでいいよ。ビール買ってきたから1缶プレゼントするよ、はいどうぞ」

「ホデール（何クソ言いやがる？）、友達じゃねーよ、ヘフェ！」

言いながら缶ビールをプシュッと開けて飲むと、クビとイスマエルは目を丸めて笑い出し、握手を求めてきた。

我が町アシラ（ASILAH）

スペインの巡礼宿で3軒のボランティアを終えた私は2015年の10月、この町へ戻ってきた。モロッコの北の玄関口であるタンジェから車で1時間南下したところにある町、アシラ。

ヨーロッパ・シェンゲン加盟国であるスペインに90日間まるまる滞在したあとは、とにかくまたシェンゲン加盟国圏外へ出なきゃいけなくて、行ったことのなかったアンドラ公国に挑戦してみたんだけれど、真冬並みの寒さで滞在断念。あたたかい日差しや海が恋しくなって、またモロッコへ戻ってきたのでした。ただいま――っ！

そもそもこの町のことを教えてくれたのは、スペインの南の宿で出会ったオーストラリア人のアンナという女性だった。

「モロッコのうざさがイヤなら、アシラへ行ってごらんよ。観光地のマラケシュとかフェズ、タンジェみたいにしつこい客引きもいなくて静かだから。しかも町も海も、超キレイなうえにスペインに近いからスペイン語が通じるんだよ。町なかにあるスペイン教会ではスペイン語教室をやっていて、そこへ行けばタダみたいな値段でスペイン語も学べるから！」

彼女が見せてくれたアシラの写真は、白壁の家やモスクが海に突き出るように建ち並んでいる風景で、自分が知るモロッコの伝統的な風景とはまるで違っていた。ギリシャかどこかの島のような、開放的でアカ抜けた雰囲気。まぶしい太陽と海。しかもスペイン語が通じるなんて、超自分向きじゃないの！

そしてそのままアシラへ向かい、旧市街の近くにアパートを借りて2015年の4月から3か月間暮らした。アパートの屋上からは青い空と海が見えて、そこから毎日町の図書館に通って原稿執筆。家→図書館→海辺散歩→市場で買い物→タジン自炊、の我がアシラ・ライフは、なかなか平和で気に入っていた。

モロッコ語（アラビア語と少し異なる）は簡単な挨拶や数字ぐらいしか分からない。でもこの町では商売人の3人にひとりぐらいがスペイン語を話すから、じゃんじゃん地元の人たちと交流をはかれるのも魅力だった。魚も野菜もおいしいし、日差しも物価もやさしいし、サイコー。

でもその一方で、イスラム教の国で女がひとり暮らしをすることの面倒臭さにも直面した。外出時は髪をスカーフで隠して、暑くても長袖を着るのは当たり前だとして、自分のアパートの屋上に上がるだけでも近所の目を気にする必要があるとか、自分の家に女友達は呼べても男友達は呼べないとか。外国人女だとナメられてアパートの仲介男からセクハラを受けたりとか（近所に言いふらしてやったけど！）。家族が集まる祭日や連休になれば公共の場所はどこも閉まって、ひとり者の女は孤立した。

そんなマイナス面もあったよなーと振り返っていた時に、前回アパートに住む前に少しだけお世話になった『ミア・ホステルズ』のことを思い出した。あそこなら〝外国人の館〟として知られているから服装にも気を使わなくていいし、孤独にもならない。今度はあそこに住んでみようか！

そう思いたってボランティア検索サイトをチェックしてみたらタイミングよく、ミア・ホステルズもスタッフを募集していることが分かって、アンドラ公国から直接Eメールで問い合わせてみた。

ところがいくら待ってもミア・ホステルズからの連絡は来なかった。モロッコへ飛んで、北部を転々としながら何となく時間をつぶしていても返事が来ない。あきらめてマラケシュにでも出て、別の宿を探そうか。しびれを切らして、最終ダメ確認のつもりでこっちから電話をかけてみた。すると、

「トモコ？　メール見たよ。もちろんキミのことは覚えてるさ。いいよ、手伝いに来て」

きき覚えのあるオーナー、クビの声だった。

「えっ、オッケーなの？　ありがとう。じゃ明日行くわ」

やっぱり最終的には電話だよね。それにしてもメール、見たまま2週間以上も放置して

たんだ。どんだけのんびりよ、クビ！

メガネ男子が作った宿

ミア・ホステルズ、正式表記『ＭＩＡ　ＨＯＳＴＥＬＳ』のＭＩＡは、３人のオーナーの頭文字の組み合わせになっている。Ｍはクビの本名メヒディ、Ｉがイスマエル、Ａがアリ。３人ともメガネをかけた〝メガネ男子オーナーズ〟だった。

彼らはタンジェにあるスペイン系の小中高一貫の私立校で教育を受けたお坊ちゃまたちで、第2、第3外国語のフランス語や英語はもちろん、スペイン語はネイティブ並みにペラペラだった。

３人の会話はスペイン語が90パーセントで、残り10パーセントがモロッコ語。彼らは外の国々がモロッコとどう違うのかも熟知していて、欧米の若いバックパッカーにウケる宿作りに力を注ぎ、禁酒もラマダン（断食）も関係なく暮らしていた。

「ラマダンが大好き」「ラマダンは美しいもの」と言って、フェイスブックには宗教関連の投稿が目立つスペイン語教室のクラスメイトたち（たぶん平均的なモロッコ人）とはだいぶ違う暮らしぶりだ。

たとえば私のモロッコ人の女友達たちはことあるごとに私に忠告してきた。

「トモコ、あなたは素晴らしい女性なのに、飲酒をしているというのだけが残念でならないの。お願いだから、お酒はもうやめてちょうだい！」

依存症みたいな言われっぷり。まるで問題児扱いさ。

そういう点でもここのオーナーたちは、リラックスしていた。インターナショナルなのはもちろんだけど、24歳にして、友達3人で資金をかき集めてホステルをオープンさせただけあって、それぞれが個性的で面白かった。1軒のビルを借りて、ほとんど自分たちで内装を作り替えて、営業許可をとったというからたいしたものだ。

アリは1年前のオープン直後にシリア人の富豪の娘と結婚して、タンジェでビジネスマンをしていた。ホステルに住み込んでいるのはクビとイスマエルで、イスマエルは町で有名なシーフードレストランのオーナーの息子として、見事にドラ息子らしくヘタウマ画を描きながら自由奔放に生きていた。クビはタンジェで有名なアイスクリームショップの息子で、このホステルのために一番よく働いていた。

まかないを作る時間がない時は、電話1本でイスマエルの父のレストランからご馳走が運ばれてくる。たまに差し入れを持ってホステルに現れるクビのお母さんは「ちょっとスペインへ遊びに行ってきたの」とか言って、そのファッションもまるでヨーロピアン・マダムのようだった。

とにかく全体的に、小さな部屋で家族6人が川の字になって寝ているような、私の知っているモロッコ人家族の生活ぶりとはあまりにも違う暮らしぶりに、カルチャーショック！

ファッピーな日々

来て2週間がたつと、クビがレセプション以外の仕事をしたいとかで、ボランティアをふたり増やして3人体制にした。

新しい仲間は香港人のカップル、サラ(29)とケンジ(28)。もちろんふたりとも中国名があるけれど、旅行中に覚えてもらいやすいあだなとして「サラ」と「ケンジ」を名乗っているらしい。

「嬉しいな。あたし、ここでボランティア4軒目なんだけど、アジア人の仲間ってはじめてなんだ。トリオ・アシアティコ！（アジア3人組）」

「イェーイ、さっそくアジア飯パーティしようよ」

「漁船から魚を買ってこよう。トモコ、寿司は作れる？」

サラは1日中でも喋り続けていられるような女の子だったから、ボスとではなく、〝ブツーの友達トーク〟に飢えていた私は会うなりガガガー――ッと喋り倒した。

彼女はこの旅に出る前まで香港で、このホステルでも使っているホステル予約サイトBooking.com の営業マンとして国内外を飛びまわっていた。その仕事をやめて、アイルランドでワーキングホリデーを終えたケンジと合流して、今回の旅を始めたらしい。

ケンジは香港にある長州島という島の出身で、船と釣りを愛する海の男だった。手先が器用で、電化製品を直すのも、おいしいチャーハンを作るのもお手のもの。チャーハン、天ぷら、野菜炒め、香港のおかゆ、刺身……。サラとケンジが来てから、毎日、白いごはんが炊かれ、キッチンにはしょうゆやごま油の香りが漂うようになった。祝、ミア・ホステルズ・アジア飯ブーム到来！

寿司の日は、朝、船着き場へ行って魚を買いに行くところから始まって、刺し盛とにぎりの大皿、尾頭《おかしら》のスープまで作る気合の入れようだった。

「キミたち、毎日ご馳走を作ってくれて嬉しいけどさ、スタッフが客の誰よりも、長時間キッチンを利用しているっていうのはどうかな」

クビにチクリと言われるほど、料理に夢中!

リカルドというイタリア人男子(25)が来た時は、彼がピザを作ってくれると言って(お願いして作らせて!)、これも生地作りから始まって1日がかりになった。ひき肉を買ってきてパスタボロネーゼもどきも作ってくれた。

「あーうまい、うまい。でも見てよ、この腹!」

レセプションデスクに座っていた私は下腹をつまんで彼に見せた。そんな私を見てリカルドは、イタリア男らしい〝困ったなベイビー〟という顔で笑いながら、

「ファッピーって言葉、知ってるかい?」

ときいてきた。知らないよ、と答えたら紙にこんな式を書いてくれた。

【FAT+HAPPY=FAPPY】

彼いわく、脂肪やデブを意味する「ファット」に「ハッピー」を足した状態が「ファッピー」なんだそうだ。

美食の国、イタリアから来た彼に言われると、なんとなく気持ちはファッピー、ファッピー。ここでついた贅肉は、みんなで楽しく(一緒に食べる相手も重要!)、おいしく食べてついたものだから間違いなくファッピーだ。アー・ユー・ファッピー?

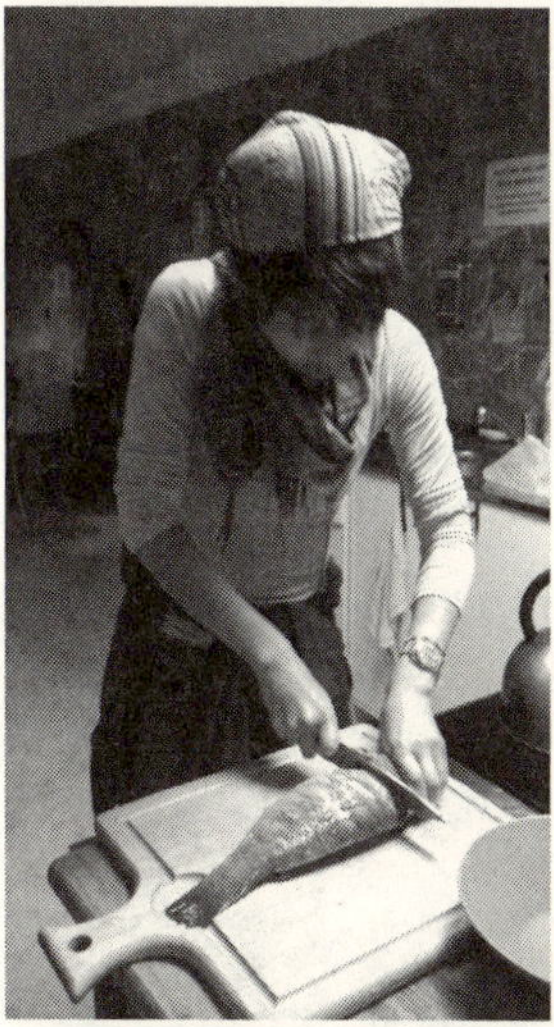

働くおれシリーズ。昔、チリの日本人宿で会った日本人のお母さんに教えてもらって以来、魚は自分でさばくようになったよ

アジア人お得意のピースサインで撮ろうと言ったのに、アジア人のマネのつもりのキツネ目ポーズのクビ（左から2番目）。フン！

朝8時から夕方6時まで、レセプションはボランティアにまかされていたから、3交代のシフト制にしてみたけれど、結局3人揃ってくっちゃべっていることが多かった。それぐらいの居心地のよさ。しかし、くっちゃべりながらも私たちの仕事ぶりは素晴らしかった。会ったばかりとは思えない、見事なフォーメーション。3人の気の利き具合がほとんど同じだったから、ムダな遠慮とか、「ごめんね」「いいよ、私がやる」とかの面倒な言葉のやりとりなしにボールをパスし合って、サクサクとシュートが決まっていく。

おかげでクビとイスマエルは計画通りにレセプションの仕事から手が離れ、イスマエルはさすらいの旅へ、クビは父親のアイスクリームのコーン工場やホステルのメンテナンスにかかりきりになった。

電気系統が得意なケンジは時々クビの手伝いにかり出され、サラはOL時代の経験を生かして、予約サイトに載せる写真や文章を改良していった。

これといった特技がないのは私だけか。と思っていたらある日のクビ。

「トモコ、通いの掃除係のラシダに、いつもランチを包んで持たせてあげてるんだって？助かるよ。彼女、モロッコ人のお手伝いだから、みんなと食べようって誘っても遠慮して断るだろ？　最近僕、昼間はここにいられないし、ちょうど頼もうと思ってたところだったんだ。毎回、若いボランティアの子とかはそういうの気づかなくてね」

ははは、それはどうも。年増ですから。

「それから2階のドミの窓、すぐ風で閉まっちゃうところもヒモと金具で固定してくれたでしょ？　あの金具も買ってきてくれたの？　ありがとう」

ボーッとしているようで、ちゃんと私たちの細かい仕事まで見てるんだね、ヘフェ。

時給100円？　アフリカの冬

地中海性気候の温暖な冬。

そう思って余裕ぶっこいてたら、東京並みにグッと冷え込むじゃないの、12月のアシラ。しかもモロッコの安宿には暖房はなくて当たり前。もちろんホステルにもエアコンなんてない。自分で小さいヒーターを買おうにも、安全上の都合でダメだと言われてしまった。

「金がある国へ行けば、外気がマイナス10度でも家の中はプラス20度で半袖で暮らせる。でもモロッコでは外気がプラス6度なら室内もプラス6度なんだよ。アフリカへようこそ！」

クビは自慢にもならないことを得意気に言った。

「寒い時は着込むのがモロッコスタイルなんだよ。さぁ、これもモロッコ体験のひとつだと思って、みんなもっと着込んで、着込んで」

「え————、そんなこと言われても、着る服がないのよ、あたしたち。着込めってゆーならダウンジャケットでも支給して。それか激安衣料品店に連れて行ってよ！」

3人でクビに交渉して、タンジェにあるユニクロみたいな店へ車で連れて行ってもらった。ひとりだと却下される要望も、3人で交渉すれば通りやすい。労働組合、ばんざい。

労働組合（？）では、客の情報交換、というか噂話もひんぱんに行っていた。

その日はサラからの報告。

「トモコきいて。今日、あのアメリカ人のクマじーさんがまた滞在を延長したんだけどさ、支払いの時にウエストポーチから小銭を出そうとしたら一緒に何が飛び出てきたと思う？コンドームよ、コンドーム。それもず——っと使ってないと思われる、ボロボロのやつ」

「あははは————、お守りかい！」

「シ————ッ、声がでかいよ！」

クビがオーナーらしくストップをかけた。

「いーじゃん、べつに、5ツ星ホテルじゃないんだから。ヘフェだって、こないだ中国系のスペイン人の客が、なんとかってゆー日本のＡＶ女優に似てるとか言ってたじゃん」

こういう時は、よりイヤ味ったらしくクビのことを「ヘフェ（ボス）」と呼ぶ私。

そしてクビが席をはずすと、サラはいつものように今日の私たちの架空の時給をはじき出した。

「今日の宿泊代は、平日プライスにつき1泊600円弱。それをタダで泊めてもらって、まかない3食を多めに見積もったとしてプラス200円。つまり私たちの今日の日給は800円相当。だから時給にすると、げっ……たったの100円だわ。オーマイゴーッド、時給100円の女！　あたしこれでも香港ではさー。……いい、いい、悲しくなるから考えるのやめる」

あはは、悲しくなるならはじき出すなよ！　しかしケンジも言った。

「いまなんて閑散期でベッドは余り放題だから、クビの損失はほとんどないよ。僕らみたいな有能な従業員3人をタダ同然で雇って、クビは賢いねー」

いやいや、冗談ですよ、分かってます、私たちはボランティアとしてここにいることは。でも、もらっているごほうび以上にちょっと働きすぎかな、というのが3人のホンネで、その分はクビに恩を着せたり、イヤミを言ってからかったりすることで帳尻を合わせていた。特に私。

「クビ、屋上に丸3日干しっぱなしだったあんたの洗濯物のパンツ、同じブランドの黒のボクサーパンツ、今日とり込んでベッドの上に置いておきましたから。まったく、ボスのパンツまでたたまされて、あたしゃおめーの母親か、召し使いか！」

サラとケンジが手をたたいて笑う。苦笑いのクビ。

「ありがとう、トモコ。キミみたいな有能なスタッフを持って僕は誇りに思うよ」

「それって本心、それとも皮肉？　ちなみにスタッフじゃなくて、〝ボランティアスタッフ〟って言ってね、給料もらってないから！」

そんなトークが毎晩繰り広げられ、僕はそろそろ寝るからと言い出すクビに「逃げるのクビ――――!?」と声をかけるアジア3人衆、背中で笑いながらスタッフルームへ消えるクビ。それがいつものパターンだった。

ひとりぼっちでヒマで酒もないと、夜の寒さもこたえたかもしれない。でも楽しい喋り相手という暖房が、ミア・ホステルズにはあったんだよ。日によって、その温風の〝向き〟や〝強さ〟が違うのもいい感じ。

モロッコでスペイン語

アシラの町を歩いていると、スペイン語教室のクラスメイトや先生とよくはちあわせした。ボランティア中のいまも教室には通っている。広場を歩いていて、どこの空から呼ぶ声がするかと思ったら、市役所でペンキ塗りのバイト中の男子が屋根の上からこちらに向かって手をふっていたこともある。いろんな土地を転々としている身だけに、町で名前を呼ばれると、ジラシア（アシラに住む女性のこと、男性はジラシ）として認められているみたいで嬉しいな。

「イッヒサン先生――！」

その日の夕方はこっちから声をかけた。

春に私たちのクラスを担当してくれた、大好きな先生。彼女はスペイン教会でスペイン語を教えているけれど、生まれも育ちもアシラ（ジラシア！）のイスラム教徒で2児の母（33）。子持ちのイスラム教徒の女性が外でバリバリ働いているのを見たのは先生がはじめてだったけれど、先生はとーっても朗らかで明るくて授業も面白くて、私がそれまで持っていたモロッコのイメージをガラッと楽しいほうに変えてくれた。

はじめて教室に入った日、先生が、

「モハメッド、トモコはまだ教科書がないから見せてあげてくれる？　テレないで、もうちょっとくっついて」

　と言ってくれて、もう、その転校生プレイから感動。授業も、

「アブドッラー、スパニッシュ・レストランの面接はどうだったの？」

「ムスタファ、昨日見かけたわよ、へへへ。一緒に歩いてたのは新しい彼女かしら？」

なんて近況をききながら生徒15人のキャラを引き出すのがうまくて、おかげで生徒同士もすぐに仲良くなった。生徒は20代から30代が中心で、男子が10人、女子が5人。

　男性優位主義「マチスタ」がテーマだった日は、男子の何人かが「家事は女がやるべきだ」と言って引かず、反対派との議論が白熱。何も知らない私は、モロッコなんて100パーセント、マチスタがまかり通っている国だろうと思っていたから、反対派の女子の意見や、家事を完全に夫と分担しているという先生の話に身を乗り出してきき入った。

　イライラ解消法の話になった時は「走る」「音楽を聴く」「食べる」「ハマム（モロッコの公衆浴場）へ行く」の答えのほかに「コーランを読む」とか「コーランを聴く」なんて優等生な答えも出てきて、そこでわき起こったみんなのクスクス笑いも、現代っ子を象徴してる感じでよかったわ。

　でも、せっかくクラスメイトと友達になっても、帰りに彼女たちとお茶の1杯も飲めないのだけが残念でしかたなかった。

町じゅう洒落たカフェだらけなのに、多くのイスラム国家と同じく、モロッコでもカフェというのは基本的に男たちの社交場だからだ。カフェは男たちが茶やタバコをのみ、サッカーTV観戦をしたりするところ。だからマラケシュやカサブランカならまだしも、小さな町ではまだ「ひとりでカフェに入る女は、不良か娼婦。どこで誰が見ているか分からないから絶対に入れないの」と女の子たちは言っていた。女に生まれると、ひとりで茶もできない国なんだよね。

外国人であれば、女がひとりでカフェに入ろうが白い目では見られないけれど、物珍しさでジロジロと見られることはある。まわりの客はおっさんだらけで、誰かと一緒のほうがいいこともある。でもサラ&ケンジが来てくれたおかげで、3人楽しくアシラ・カフェめぐりができた。今日もうまいよ、モロッコ名物ミントティー♪

イエローモンキーズvsクビ

顔はモロッコ顔なんだけど、黒ぶちメガネや、ちょんまげにしたカーリーヘアなんかがややヨーロピアン寄り（演出？）なクビ。そんな彼が時々語る、自らの青春ヒストリーやモテ話はツッコミどころ満載だった。

高校時代、自宅マンションの下の階に自分専用の部屋を与えられていて、親に内緒でその部屋に女の子を泊めたという話は、本人としてはモテ自慢のつもりだったのかもしれないけれど、私たちアジアの庶民は、

「えーっ、高校時代に親からマンションを与えられてたの？　あんたの家、どんだけ金持ちよ！」

と、そのお坊ちゃまポイントのほうにツッコミまくり。こういう時、クビは、

「何言ってんだよ、僕はモロッコ人だよ。日本人や香港人のキミたちのほうが絶対、貯金額は多いって」

なんて言い方をして、「貯金額」なんて言うところがまたクビらしいんだけど、本当にボンボンなのは確かだった。大学時代はスペインのアンダルシアに住んでいたとか、イタリア人の女子医大生と付き合っていたとか、言っていることがいちいち生意気でうらやましい。

ホステルをたちあげてからはいろんな国のタイプの女の子が客として現れ、オーナーとしてはやりたい放題……。と言うと否定していたけれど、彼の話に登場するのはみんな「白人の若くてかわいい女の子」なのも気になった。歴代のボランティアスタッフも、私

たちが来るまではほとんど「白人の若くてかわいい女の子」だったらしくて、その点はさらにひっかかった。よし、クビ本人に問いあわせてみようではないか！

「クビ、あんたまさか差別主義者？　ホステルとかやって国際派ぶってるけど、実は白人はクール、アジア人はダサいって腹の中で思ってる古い田舎者なんじゃないの？　フン、あんたの好みと違う、オールドイエロー（黄色い年寄り）で悪かったね」

「違うよ、トモコ、僕は差別主義じゃない。確かに僕のいまの彼女は白人のスペイン人、元カノも白人のイタリア人だけど、それは別問題だよ。実に、僕はアフリカ人、モロッコ人であることを誇りに思っているし、差別はされても、自分では絶対にしないからね」

サラも入ってくる。

「じゃあ何で、アジア人や黒人と付き合ったことがないのよ？　見て、私たちの肌、何色に見える？　黄色って思ってんでしょ？」

「フン。どうせあたしたちは黄色よ。ヨーロッパ・シェンゲン圏内に〝あらゆる180の期間内で最大90日間〟しか滞在できない、この宿のイエローモンキーズよ！」

誰も「黄色」とは言っていないのに、自虐的に私たちは自分たちのことを「イエローモンキーズ（黄色い猿軍団）」だの「この宿の奴隷」だの「パンツ洗いのしもべ」だのと言ってうさを晴らしていた。クビに食材代をケチられたりした時なんかは特に。おとなしいケンジも時々「ウッキー！」と猿返事をしていた。

「キミたちが黄色とかモンキーだなんて、みじんも思っていないよ。実際、僕と肌の色はかわらないじゃないか。なのに僕たちモロッコ人は、スペインでは陰で〝モロ（褐色）〟って呼ばれてるんだぜ。〝モロ〟ってだけで、アパートだって貸してもらえなかったりするんだ。モロッコ人が欧米で生きるのは、キミたち日本人や香港人よりも、ずっと難しいはずだよ。だいたい、シェンゲンだろうが何だろうが、僕たちは、そもそもパスポートだけじゃヨーロッパに入ることすらできないからね。目の前のスペインへ行くのだって、ビザがいるんだよ！」

そーなんだ、そーなんだ、知らなかった。ただのボンボンだと思っていた（？）クビのポイントが、この苦労話でいくらかアップ？　いくらか親近感？

さらに私たちはアジア人であることでいままで諸外国でどんなふうにバカにされたかを告白し合って「分かる、分かる！」と言い合った。通りすがりの男子学生集団から「中国人」だの「ジャッキー・チェン」だのとからかわれ、顔を見た瞬間に笑われる屈辱。世界じゅうで体験して慣れてはいるけれど、こっちも人間だから、知らない町で疲れている時にしつこく笑われるとやっぱり腹がたつ。もちろん、中国人と間違われることに腹がたつんじゃなくて、その、人としての態度に。

「へーぇ、アジア人のキミたちもそれなりに苦労してるんだね。香港の人は〝ニーハオ〟って言葉は使わないんだ？　なのに世界中で〝ニーハオ、ニーハオ〟って声かけられるんじゃ、そりゃたまらないね。アクチュアリー（実に）、僕もいままで知らなかったよ」

「〝アクチュアリー、僕もいままで知らなかったよー〟」

クビのマネをするとみんながウケた。

「あのさ、クビ、前から思ってたんだけど、あんた〝アクチュアリー〟を言う回数が多いよね。口ぐせだね、アクチュアリー（実に）」

「マネをしないでくれよ、トモコ。そんなことを指摘してきたボランティアはキミがはじめてだ、〝アクチュアリー〟！」

「あはは、返しうまいじゃん、クビ！」

こうやって、トークは延々と続いていく。繊細なテーマも、メンバーによってはオープンに話して笑って、ストレス解消！

シェンゲンネタもお約束で、男子のゲストが現れると私がいつも突っ込まれる役だった。

「トモコ、この彼ベルギー人だって。シェンゲンパスポートだよ！」

「まじ？　あのー、いくら払ったら結婚してくれますか？」

ゲストたちもすぐに国境の垣根を越えて、トークの輪に入ってきた。

こんなふうに、クビは私たちイエローモンキーズといい関係を保ちつつも、言うべきところははっきり主張して、ボスと友達のふたつの立場の境界線の上を行ったり来たりしていた。ある日、販売用の缶ビールを譲ってほしいと頼んだら、客と同じベラボーに高い値段を請求してきて、そういう時の彼は〝モロッコの商人〟そのものだった。かと思えばサラとケンジがボランティアを終えて人手が足りなくなると、今度は「彼女と出かけたいからお願い！」とか、めちゃめちゃプライベートな理由で私に時間外の留守番を頼んできたりして、そういう時は26歳のフツーの青年の顔に戻っていた。

調子いいぜ、賢いぜ！　そんでやっぱり頼まれると断れない私。クビの圧勝。

復活！　日本語情報ノート

年が明けて2016年になると、クビも元日から休暇をとってスペインへ旅立って行った。「留守は頼んだよ。いままでありがとう！」という遺言みたいな言葉を残して。

そういう私も帰国を1週間後にひかえていて、最後に何かホステルに残せることはないかと考えていた。自分にあるのは町の知識と少々のスペイン語。日本語ならネイティブなんだけどな……。

「あっ、そーだ、日本語情報ノートを作ってみよう」

そこで思いついた、はじめて日本語を生かせる仕事を。

モロッコへ来る日本人バックパッカーは多いのに、アシラへ立ち寄る旅人はまだ少ない。来てくれた日本人のための情報ノートが宿にあれば、少しは集客にもつながるんじゃないだろうか。

日本語情報ノートは、インターネット普及以前は世界の多くの安宿に置いてあった。ガイドブックに載っていないような町の細かい情報を、旅人たちが書き足していってみんなでシェアする。それをアナログ時代から積極的にやっていたのは日本人ぐらいで、よく、ほかの国のバックパッカーからうらやましがられたものだった。

いまならブログ等を使って情報を発信することもできるけれど、細かい町の情報はやっぱり紙の地図に書き込んで、現地の宿で手にとってもらうのがてっとり早いんじゃないだろうか。と、アナログ人間は思ったわけで。

A4判のノートを買ってきて、町の地図を見開きで貼り付けて、合計6か月のアシラ生活で得た情報を書き込んでいった。好きな町だからこんなに楽しい作業はない。

安いスーパーの場所、要注意のボラれる店、物売りが路上に座り込んでいて何でも揃う別名〝エル・コルテ・イングレス（スペインの有名デパート）〟通りの攻略法、北モロッコ名物の青豆スープ〝バイサラ〟がうまい店、パラダイスビーチへの近道、公衆浴場ハマムの利用法、青い町シェフシャウエンへの行き方……。その他のどうでもいいミア・ホステルズのゴシップなども書き添えて、『ミア・ホステルズ日本語情報ノート２０１６』とした。

ついでにクビが必要な日用品、靴下やヘアゴム、いつもこだわって買い続けているスペイン製のコンディショナーやクッキーなんかも買い集めて（母親か！）、まとめてラッピングして「お世話になりました。情報ノートを作ったから、日本人が来たら渡してね！」とカードに書き残してホステルを出た。

あぁ、なんて優秀なボランティアスタッフなんだ！　我ながら、けっこういい置き土産だと思ったたからクビからの反応が待ち遠しかった。

しか―――し、来やしねーよ、返事なんかひとことも！

クビは私の出発の数日後にはホステルに戻ったはずなんだけど……。「わー、たくさんのプレゼントありがとう。特に情報ノート！」はないにしても、ひとこと「帰ってきたよ」とか、「そっちは無事に日本に着いた？」とか、何かないかね、ヘフェよ！

3か月近く前、アンドラ公国から送った私からのメールを放置していたことに関しては、「メールは面倒臭いんだよ。フェイスブックならすぐ返事できるけどアクチュアリー！」とか言ってたくせに。日本に帰って何度フェイスブックを開けても、クビからの連絡なんかありゃしねぇ。

でも2月になったある日、クビのタイムラインにまさに「いいね！」な写真が投稿された。それは年末に泊まっていたアルゼンチン人男子が投稿した屋上でのバーベキュー大会の写真。そこには珍しく3人揃ったメガネ男子オーナーズと私と、サラ&ケンジが写っていた。投稿者の彼やほかのゲストたち数人も、串に刺した肉を持って楽しそうに笑っている。あの夜の会話が懐かしく思い出された。

「あたしたちね、ここの召し使いなんですよ、イエローモンキーズっていうユニット名なの。あっちにいるメガネの3人がボス！」

「違いま――す！　僕たちは貧しいモロッコ人です。あちらの3人様は、アジアのセレブリティなんですよ」

ボランティア3人はアジア人で、オーナー3人はモロッコ人の青年。お客はほとんどヨーロピアンかアメリカン。考えてみたらこんな構成のホステルも世界的に珍しいかも。

意識はしていなかったけれど、私たちもクビたちも、ひょっとしたら腹の底にうっすらと非欧米人コンプレックスとか、何とか面白く生きてやろうというハングリー精神みたいなものを持っていて、それがミョーな仲間意識と笑いを生んでいたのかもしれない。

〝最高に楽しかった忘れがたいホステル。非シェンゲンボーイより〟

写真を投稿した彼がそうコメントしていたから、私もひとこと書いてみた。

〝また来てね！　イエローモンキーズとメガネザル３匹より〟

そこにクビが「いいね！」をした。

確認できたクビの反応はそれだけだ。直接の連絡は、それから3か月たっても、1年たってもない。2年たっても3年たっても何もなし。そのことをクビに突っ込みがてら、そろそろまたアシラに行ってみたいと思うんだけど、クビは1ミリも覚えていないんじゃないだろうか、アクチュアリー！

information

ミア・ホステルズ・アシラ
MIA HOSTELS ASILAH

アシラ
（モロッコ）

宿のタイプ	バックパッカー向けのホステル
期間	2015年10月20日～2016年1月5日（2か月半）
最大収容人数	28
宿泊料	ドミトリーのベッドひとり6ユーロ～
おもな仕事	客室ベッドシーツ交換、洗濯、トイレ掃除、レセプション業務全般、買い物、まかない調理、朝食調理
労働時間	8：00～20：00のあいだで6、7時間
休日	なし
寝床	客用ドミトリーの2段ベッド
食事	食材支給

※表記した宿の情報は筆者が滞在した当時のものです。

第5章

再会、ソフィアちゃん84

『アルベルゲ・エル・ガレオン』
2016年6月25日〜7月25日（1か月間）

スペイン　カンタブリア州
サン・ビセンテ・デ・ラ・バルケーラ

２０１６年6月、約1年ぶりに、ソフィアのアルベルゲへ戻ってきた。誰もいない女子トイレに入り、スタッフ専用の個室のドアを開けたらソフィアが座って用を足していた。

「ギャッ、ごめんなさい、……って、ソフィア！」

キョトンと座っている彼女と目が合った。

「トモコ―――！」

あわててドアを閉めたがおかしくて仕方なかった。ソフィアも笑った。

「あ――、はははは、あーははは……」

懐かしい、ソプラノの笑い声が女子トイレに響いた。

1年ぶりの再会が、こんなマンガみたいなことになるなんて。オープン前の時間帯は家族以外は誰も入ってこないから、ソフィアはトイレにカギをかけない。いや、ばーちゃんはふだんからカギなんかかけないのかもしれない。去年も、ソフィアのトイレ中に何度かドアを開けてしまったことを思い出した。

用をすませたソフィアがアハハと笑いながら出てくると、「トモコ!!」とそのまま抱きつこうとするから、「手、手！」と手を洗うように促すと「あっ、そうだった！」とソフィアはペロッと舌を出してそこでまた笑った。

「あ——ははは、あ———っははは……」

すべての間合いがおかしいやら、そんな再会が嬉しいやらで胸がいっぱいになった。相変わらず、一緒になって笑ってくれるソフィアちゃん83歳、いや1年たったからもう84歳か。

「よく帰ってきてくれたね。私の日本人の娘よ！」

改めて、私たちは抱き合って再会を喜んだ。女子トイレの中で。

相変わらず杖はついていたけれど、髪をルビー色に染めてきちんと化粧もしていたソフィア。さっそく元気な笑い声をきけて安心した。

しばらくのあいだモロッコや日本で暮らして、今回は旅先のスリランカからスペインへ飛んできた。1年ぶりのアルベルゲはさほど変わっていないように見えた。

次女のローラはダイエットに成功して女っぷりを上げ、その娘のクラウディアは4歳になってさらに生意気になり、飼い犬のウマがそのあとを追いかけ、じーさんルイスもずる賢い方向にボケていてますます嫌われていた。夕方になると喋りに来るご近所さんたちのパワーも衰えていなかった。

「おかえり、グアパ！」

久しぶりに「グアパ」と呼ばれてスペインへ帰ってきたことを実感した。

グアパは〝美人さん〟とか〝かわいい女〟という意味で、スペインでは女性の名前にくっつけて使われたり、名前がわりに使われたりする。べつにかわいくなくてもオバさんでもオッケーで、女性の名前が分からない時とか名前を忘れた時なんかも、とりあえず親しみをこめて「グアパ」と呼べば振り返ってもらえる。たとえあまり意味はなくても「美人さん」と呼ばれ続けるのとそうでないのとでは、人生、けっこう違ってくるんじゃないだろうか。若い時からグアパと呼ばれていたら、私ももっと性格よかったかもなー。

1年のうちに変わったことといえば、ソフィアが医者の忠告を守って足をいたわるようになっていたことだった。なるべく近所の自宅で過ごすようにして、アルベルゲで寝るのも、朝からキッチンに立つこともやめていた。

それにともなって、ペレグリーノの朝食もセルフサービスに大きく変更。パンを火であぶる人手が足りないとなればトーストもやめざるを得なかった。バゲットとナイフをテーブルの上に用意しておいて、ペレグリーノ各自でスライスしてもらって焼かずに食べてもらう。

おかげで私の仕事だった〝スライス道場〟もなくなってラクにはなったけれど、朝のキッチンからトーストが焼けるニオイも、ソフィアの元気な声も消えてしまった。あぁ、淋しい朝……。

なーんて、センチメンタルに浸っている場合でもなかった。セルフサービスとはいえ、自分ひとりで仕切ってみると、それはそれで大忙しのてんやわんや。

「はい、コーヒーあったまったよー！」

「今日は雨だから、近道を歩きたい人は私にきいてくださーい！」

よし、ソフィアの分まで声出していくぞ――っ！


あの人は、いま……


裏事情についてはローラが説明してくれた。

「いろいろと変更したのは、ママ（ソフィア）の足のせいだけじゃないの。ジュリアンがいるあいだはペレグリーノも少なかったし、彼が朝食もチェックインも全部ひとりでやってくれてたんだけど、1か月前に彼に出ていかれてからはかわりがいなくなって、それで変更したの」

おお、ジュリアン！

去年の夏、私の後任としてやってきたフランス人のシャイな男、ジュリアン。シャイなわりにペレグリーノに対してはアツかった男、ジュリアン。

彼はなんと、昨夏からずっとこのアルベルゲに住みついて冬を越し、つい最近の5月まで合計9か月もここにいたのだ。時々、スペインのほかの町やモロッコからここに電話をかけて、ジュリアンが出るとペレグリーノのフリをして「今日、ベッドの空きありますかぁ？」とか言ってみたけれどいつもバレて、「トモコだろ！」と笑われた。

昨年の秋、年内はアルベルゲにとどまるかもと言っていたから、

「あんた、そこがどんだけ寒いか知らないでしょう？　そんな、暖房もない古い学校みたいなアルベルゲで、30秒おきにボタンを押さないとお湯が止まるシャワーだけで冬を越すなんて無理だよ。ペレグリーノなんてほとんど来やしないよ。あたしゃ冬に〝北の道〟を歩いたから知ってるんだよ」

元同僚として忠告してみたけれど、彼は、

「何とかなるさ」

と笑っていた。そして本当に彼は、年越しどころか5月までいたというのだ。

「実は、ジュリアンについてはいろいろあったのよ」

ローラはこれまで遠くにいた私に、ワサップ（WhatsApp、日本のＬＩＮＥみたいな

もの）では説明しきれなかった「いろいろ」について話し始めた。

「ジュリアン、あの調子でまじめに働いてくれてたわよ。小さいヒーターを自分のベッドのわきに置いてなんとかやってた。毎日、本を読んだり、ここのパソコンをいじったりして、クリスマスや年越しは私たちと家族同然に過ごしたわ。オスピタレーロっていうよりは居候に近かったけど、ペレグリーノが来れば対応はしてくれたから、おこづかい程度だけど給料も払った。だって彼、全然お金持ってないんだから。そんな彼が先月、とうとうアルベルゲを出てカミーノを歩くって言うから、旅立ちを祝って盛大に送り出したのよ。そしたらその1週間あとに、フランスの両親から電話があってね。彼らがここへたずねてきたの」

ローラはそのあたりから語気が荒くなった。

「ジュリアン、あいつね、実は子持ちだったのよ。結婚はしてないけど、2歳になる自分の子供とその母親をほっぽらかして送金もしないで、家族に連絡はしてるってあたしたちにウソついて、ずっとここにいたの。ご両親、ここに来てあたしたちに事情を説明してくれたんだけど、説明しながらお母さんに泣かれちゃったわよ」

「え――――――――っ！」

突然のニュースに、「え――」しか言葉が出なかった。身軽な独り者を装っていたあのジュリアンが、実は1児のパパだったの――？

ノルマンディを出ていったきり、ジュリアンの両親は息子と音信不通になってしまった。しかし半年以上たったある日、ジュリアンの実家に彼宛の1通の手紙が届いた。両親はその文面から、ジュリアンが夏にスペインのカミーノ・デ・サンティアゴを歩いていたことを知る。

私たちが知る限り、ジュリアンは携帯電話を持たずSNSも一切やらず、「連絡は手紙派」を公言していたから（いま思えばそれも納得！）、住所を教えた誰かがたまたま、彼に手紙を送ったのだろう。両親は、カミーノ・デ・サンティアゴに関連する団体やアルベルゲに片っ端から連絡を入れて、この〝北の道〟のアルベルゲにたどりついた。

「何が悲しいってジュリアン、9か月もあたしたちと一緒にいたのに、ひとっことも私たちにそんな話をしてくれなかったことよ。家族みたいに思ってたのに、腹を割って助けを求めてくれなかった。出ていく時も、こっちからは電話できないから、必ずあんたのほうから連絡してねって言ったんだけど、いまだに何の連絡もなし。あんだけ面倒見てやったんだから、電話の1本ぐらいあってもいいと思わない？　そもそも子供がいる37歳の男が、責任全部ほっぽらかして、何なのさー！」

サロンの壁の写真コーナーには、ペレグリーノが送ってくれたという、A4サイズに拡大されたジュリアンの写真が貼ってあった。エプロン姿でキッチンに立ってフライパンを持ち、カメラに向かって照れているジュリアン。どこ行ったんだよ、ジュリアン！　本当に歩いてるのかよ。いまも、私のモチーラ（バックパック）を背負ってんのかい？

それからも、ローラやソフィアや、掃除係ルイサの話にはたびたび「ジュリアン」の名前が登場した。

サロメという、近所に住む女子プロレスラーのようなシングルマザーはジュリアンにけっこうホレていて、みんなでくっつけようとしたけれどジュリアンはまったく関心を示さなかったという歴史まで作っていて、ジュリアンネタになるたびに、「まったくどこ行ったんだろーね、あの淡泊野郎」と話はしめくくられた。

たかがメルルーサ

午後2時だったオープンの時間は、午後3時半に変わっていた。シャッターを開けてペレグリーノを迎え入れチェックインを始めると、じーさんルイスが、盛り上がってきたところでてくてくと寄ってくる。これは去年と変わっていなかった。

「トモコ、ごはんを食べておいで。俺はもう食べたから。あとのチェックインは俺がやれって、ローラに言われたんだ」

ルイスはボソボソと選手交代を告げる。

次女ローラが作るランチはなるべく家族全員で、アルベルゲで食べるのが一家の習慣。本当は、アルベルゲをオープンする前に食べ終えるのが理想なんだけれど、なかなかそうもいかない。オープンの行列をさばいて一段落してから食べ始めると、すぐにまたペレグリーノがやってきて食事を中断させられた。

でも私が食事を中断しようとすると、家族は強く止める。

私が知る限り、ヨーロッパの多くの国では〝食事をしている人〟というのは誰よりも守られるべき人で、食事中の人に何か用事を言いつけたりするのは日本よりも厳しくNGとされている。たとえ上司が部下に対してでも、親が子供に対してであっても、食べている人のジャマをするというのは、かなり失礼なダメダメ行為。みんなで食べているのに、席を立つのも場の空気を乱すからあまりよろしくない。そして食べている人には、

「ブエン・プロベッチョ！（よい食事を、召し上がれ）」

と声をかけてあげることもよきマナー。人間にとって一番大事な、食事の時間をとても大切にしている。いい習慣だ。

でもさ――――っ！

「お客様は神様」の国で育った日本人としては、客の目の前で自分たちだけご馳走を広げて食べる、という行為がどうしてもやりづらいのだよ、落ち着かないのだよ。食事は大事なものだからこそ、私はやることをすませてからゆっくりと食べたいんですけどーぉ……。

スペイン人やイタリア人のペレグリーノは、

「待たせてもらうから、気にしないで」

と言ってくれるんだけど、ほかの国の人たちはどう思っているのだろうか。

ランチといえば一度、メルルーサという大きめの白身魚のフライにする予定が、小アジのフライになって大騒ぎになったことがあった。

午前中に、ローラが母ソフィアに散歩のついでにメルルーサを買ってくるように頼んだらしいのだが、母ソフィアが間違って小アジを買ってきてしまった。それだけのことなのに、ローラはなぜか怒り大爆発。きっと事件の前に何か別の怒りもたまっていたのかもしれないけれど、もう、喋りかけられないぐらいに、体に電流が走っているかのようにピリピリと怒っていた。

キッチンで料理中のローラは汗をぬぐって、鍋に魚を投入しながら早口のスペイン語でブツブツと、いや、ガンガン喋っていた。その姿は怒っているシーンのセリフを練習する女優みたいだった。

「メルルーサって言ったのに、小アジよ、小アジ。背開きにして骨をとるのに何倍時間がかかると思ってるの？　誰がやってくれるっていうのよ、誰？　あたしよあたし、あたししかいないでしょうこの家では！　アルベルゲがこんだけ忙しい時に、よりによって小アジ、小アジ。何であたしの母親はこんな簡単なことができないわけ？　ガキの使いだってできるわよ。あー情けない、悲しいったらありゃしない！　そしてオヤジはもちろんただ見てるだけ、いつも食って文句言うだけ！　ホデール！（なんてこった）」

罪のない父ルイスや、〝小アジ〟までとばっちり。

キッチンの外のサロンではソフィアがイスに座り込んで、

「ローラに怒られた、私はしょせん使いものにならないダメな老女なんだ」

と言って、えんえんと泣いていた。

「ソフィア泣かないで。ローラは機嫌が悪いだけよ。さぁ、一緒に食べよう」

しかし何を言ってもソフィアは首を横にふってうなだれたままだった。年老いた親と娘の同居生活には、当人たちにしか分からない事情があるのだろう。おかげで「メルルーサ」という、タラとスズキの中間みたいな白身魚の名前は覚えたけれど、この日のランチは暗すぎて、いつもとは別の理由で中座したかった。

　メルルーサ事件のダメージは少し尾を引いたけれど、機嫌が直って足の調子がよくなると、ソフィアはまたかつてのように、ペレグリーノの足にできたマメの消毒もやってあげるようになった。マメに針を刺されたペレグリーノが「ギャー――ッ！」と声をあげると、ソフィアは「ヒヒヒ……」と笑って嬉しそうな顔をする、このアルベルゲの名物が帰ってきたことは家族全員をホッとさせた。

　それが終わると、私も去年と同じようにソフィアの足をマッサージした。「あ〜、いいわ〜ン」のソフィアのセクシーボイスも復活。それを見ていたドイツ人女性のペレグリーノからある夕方、声をかけられた。

「オスピタレーロってなんでもするのね、偉いわ。あなた、彼女の娘か孫みたい。忙しそうだけど、あなたも少しでもリラックスしてね」

　そう言って、手作りのハーブ石鹸をプレゼントしてくれたよ。なんてステキな人！

ソフィアちゃんが若い男と……⁉

「あら、これけっこうイケるじゃない」

ソフィアは、何日か前のペレグリーノが部屋に残していったスナック菓子をボリボリとかじりながら言った。ペレグリーノは荷物を1グラムでも減らしたいから、ほとんどの人が食べきれなかったものを残して去って行くのだ。健康に気を使って化学薬品や砂糖を嫌うソフィアちゃんだけれど、ジャンクフードはけっこう好きなのだ、ふふ。

「でしょ、でしょ、イケるでしょ？」

残りものの菓子をつまむ時の私たちはばーちゃんと孫、いや母と娘、いや、友達同士みたいだった。

夜、ローラたちが家へ帰って、ペレグリーノが寝静まると、ソフィアと私はキッチンで食事をとる。そして食事が終わると、ソフィアを自宅まで送り届けていた。ソフィアの荷物を持って、杖をつかないほうの手を握って一緒に坂道を歩く。

その日、アルベルゲを出ようとしたら、外出していたひとりの男子が「間に合ったー」と言いながら外からスルスルとかけ込んできた。

消灯および閉門時間はとっくにすぎていて、本来なら彼は締め出されていてもおかしくない時間だった。

「およおよ、もう11時だっていうのに、こんな時間に何だい？」

ソフィアに驚かれたガタイのいい青年は、ドイツ人のペレグリーノだった。ほろ酔いで、なんだか上機嫌だ。スペイン語がペラペラだった。

「あー、閉まってたらどうしようかと思ったけど間に合ってよかった。海のほうまで歩いてさらに灯台まで行ったら、夕日がすんごいキレイで、見とれちゃった。そのあとバルでちょこっとひっかけてきたんだ。ここ、海峡にかかったあのデカイ橋もすごいけど、町自体もキレイだね、サン・ビセンテ・デ・ラ・バルケーラ。美しき水の町。来てよかったよ、カミーノを歩いてよかった。ありがとう」

ソフィアは背の高い彼の顔を見上げ、話にうなずきながら微笑んでいた。

「アハハ、そんなに気に入ってくれたならよかった。だけどねペレグリーノ、みんなもう寝てるから、部屋にはこっそりお入りよ」

機嫌が悪い時なら「この門限破りが！」とお説教のひとつもされかねない場面だけれど、彼はラッキーだ。

「ばーちゃん、名前は？」

「プッ……ばーちゃんじゃなくて、ここのオスピタレーラ、ソフィアさんです！」

私が教えてあげると彼は背筋を伸ばしてソフィアに向き直り、

「セニョリータ（お嬢さん）ソフィアさん！　何てお美しい名前、美しい瞳、愛らしいお顔、そしてこの、素晴らしいアルベルゲ」

調子のいいことを言ってソフィアの手をとり、手の甲にキスをした。

「あはは、あんた面白い男だね。おやすみペレグリーノ、ブエン・カミーノ！」

朝、ペレグリーノを見送れないソフィアは、こうして夜、ペレグリーノたちに「ブエン・カミーノ」の言葉をかける。

「それにしてもあんた、ドイツ人なのにスペイン語が上手だね」

ソフィアは感心して言った。

「うん、僕はドイツ人だけど、ラテンのノリだってちゃんと持ち合わせてるんだぜ。セニョリータ（お嬢さん）ソフィアちゃんとお、ん、な、じ！　ありがとう、僕を今日ここに泊めてくれて。ここでアルベルゲをやってくれて。おやすみなさい、甘〜い夢を見るんだよ！」

彼はそう言ってソフィアにハグをして、顔にもキスをした。それもチュッ（右頰）↓チュッ（左頰）とやって、チュッ（おでこ）↓チュッ（あご）といって終わるかと思いきや、仕上げにソフィアの顔を両手ではさみ込んで、くちびるにもブチュ――ッと、思いっきりキスをした。

「…………」

3秒間の沈黙。そして私とソフィアは目を合わせ、

「あ――はははははははは……」

高らかに笑い転げた。通りに出ても笑いを止めることができず、いったん止めても「あー、最高。何年ぶりのキスだった？」とか「ルイス（夫）とどっちがよかった？」「28歳にくちびるを奪われたなんてやるじゃん、オスピタレーラ！」とかソフィアをからかうと、またおかしくなってふたりでゲラゲラと笑った。笑い声が大きすぎたのか、マンションの前に着くと上からご近所さんが「ソフィア、何事かい？」とベランダから顔を出してきた。

このキス事件はこのあともしばらくアルベルゲの笑い話となり、ローラが娘を使って実演しながら近所のオバちゃんたちに伝えていた。

「それでトモコがね、〝ソフィアだけにキスをして、隣にいたあたしにはなしかよ！〟ってひがむのよ、あはははは……」

あはははは。そんな会話を見守るソフィアちゃんの、まんざらでもなさそうな笑みがまたかわいかった。

クレーム対応係

〝フランス人の道〟に比べるとまだまだマイナーな〝北の道〟とはいえ、前年に比べると

自分のスマホにソフィアから電話がかかってくるたびに、設定したこの写真がポップアップで出てくるから、出る前からおかしくておかしくて……

日焼け後のヒリヒリに苦しむモヒカン男子の背中に、アロエの葉の液をぬってあげるローラ。もちろん仕上げに、彼の背中を手のひらでバシーッ！

ペレグリーノの数がグンと増えた。それにともなってか、宿泊料に文句を言うペレグリーノも増えてしまった。

その日は、イタリア人女性からの苦情に悩まされた。

彼女の言い分は、オープンの時間まで外で2時間待ち、さらにチェックインの列でも20分ぐらい待たされて、レセプションデスクに寄付金箱があったからてっきり寄付制の宿かと思いきや、自分の番がきてから1泊10ユーロだと知らされてガク然とした、というものだった。

まずローラが彼女に英語で説明した。しかし怒っているものだからだんだんスペイン語がまざってきて「まったく、こんなに一生懸命やってるのに文句ばっかり、ホデール！(何てこった)」とか言い出したため、イタリア女子はすぐそばにいた私に向かって言ってきた。

「っていうか、いまちょっと部屋を見てきたけど、あんなに2段ベッドをギチギチに押し込んだ部屋に10ユーロってとりすぎじゃない？　まぁ、払えって言われれば払うけど、この彼女（ローラ）だって、もうちょっとペレグリーノを歓迎する姿勢というか、あたたかみというか。何っていうのかな、ここではそういうホスピタリティを感じられないのよ、悪いけど。分かる？」

分かるよ、暑い中、歩きすぎて疲れているのは。でもだからって、そのエラソーな口のきき方は何さ。

「私はここでボランティアをしている日本人です。〝払えって言われれば払うけど〟って、値段が気に入らなければ無理にとは言いません。ここのベッドがひとつ空けば喜ぶ人もいるわ。それぐらい混んでるし」

すると彼女は、

「ほらほら、その態度がダメだって言ってるの。オスピタレーロとしてのハートが感じられないのよ、カミーノならではのスピリチュアルとかスピリットが。何か違うのよねぇ……」

出た――――っ！　自分は何にもしないで、オスピタレーロがどんだけ働いているかも知らないで、無条件に手厚い歓迎を受けるのが当たり前だと思っているペレグリーノ。そういう人に限って、「ホスピタリティ」とか「スピリット」とかの言葉を簡単に出してくる。ホデール、ホデール！

満室になったあとにやってくるペレグリーノへの対応にも困り果てていた。彼らにはもう、謝るしかなかった。「どうにかして」と言われても、「私と添い寝でもする？」とも言えないし、ベッドがないものはないのだよ。

「も――――しわけございません！」

90度おじぎぐらいの気持ちで謝り倒すと、たいていの人は分かってくれる。でも中には遅い時間に到着した自分のせいだとかは1ミリも考えず、「オスピタレーロはペレグリーノを助けるもの」だの「無責任」だのと子供みたいに食い下がってくる人もいた。そこまで言われた時はさすがにこっちも少し感情的になってしまった。

「も――――っ、Sorry, but I am not your mother or even Mother Teresa!（ごめんなさい。でもね、あたしゃあんたの母親でもなければ、マザーテレサでもないんだよ！）」

それを横できいていたローラは、少し申し訳なさそうに、でも少しニヤケながら小声で言ってきた。

「あんた、去年より強くなったんじゃない？　ぐははははは……」

そうかな？　ぐはははははは。

チキンハウスと絶景

ソフィアがローラたちと早めに帰宅した夜。ペレグリーノが寝静まるとワインを持ってひとりで裏山を下った。10時をすぎても外はまだ薄明るかった。

アルベルゲの裏手から丘を下りていくと、下界に広がる美しい運河や湿地帯と、遠くには雄大な山脈を望むことができる。ピコ・デ・エウロパ（ヨーロッパの山頂）と呼ばれる山脈地帯。夏だというのに一番高い山には雪が積もっていた。空からは赤みが少しずつ消えて夜が近づいていた。風の音と、虫の鳴き声しかしない。壮大なパノラマを一望できる場所に座ってワインを開けようとすると、ずっと下のほうに、キャンプをしているペレグリーノの姿が見えた。

確かにこのアルベルゲは窮屈かもしれないけれど、これほどの絶景地だ。そしてソフィアファミリーや私と、トークのひとつも交わしたペレグリーノたちは笑顔で出発してくれる。その点をもっとアピールして、滞在を楽しんでもらえないだろうか。

山を眺めながらそんなことを考えた翌日、厚紙を買ってきて【ようこそ】と書いた挨拶文を作った。よくホテルの客室とかにある〝ご案内〟みたいな感じだ。朝、飼い犬のウマを連れてアルベルゲの裏手へ行った時に撮った絶景写真を2枚プリントして貼りつけて【ぜひここにも立ち寄ってね！】と書いた。

そしてアルベルゲの説明と、オスピタレーロの自己紹介。宿泊料金や宿の事情についてフレンドリーに、なるだけシンプルな英語でまとめた。朝食もセルフサービスになって、ペレグリーノとのコンタクトが減った分、こういう形で少しでもアルベルゲのことを伝えられたらいい。手作り感、手作り感！

最後にメッセージも添えてみた。

【〝フランス人の道〟ではなく、
あえてこの〝北の道〟を選んだ、海と山好きのみんな
カミーノは山道ばかり、アルベルゲも少なくて苦労するのに挑んでる
私たちはそんなキミたちが大好きだぜ！
最高にクールな、愛すべき
カミーノ・デル・ノルテ（北の道）・オールスターズ！
豪華な設備は何もないけれど、よき滞在になりますように
ブエン・カミーノ♪】

なんだかちょっぴりアツイ男、ジュリアン風。この挨拶文をサロンのテーブルの上に置くと、ペレグリーノたちは「えー、この山の裏ってこんな絶景なの？　あとで行ってみよ

う」とさっそく興味を示してくれた。

コ、コ、コーネンキ？

今回の滞在で、84歳になったソフィアと、83歳だった前年のソフィアの違いをいくらか目のあたりにした。ソフィアのトーク力はほとんど衰えていないし、意識も若い。ただ、歩くスピードはガタンと落ちていた。特に階段。イスから立ち上がるのも去年より大仕事になっている。

対して42歳から43歳になった自分は何が変わっただろう。実はここへ戻ってくる前に日本の病院で医師に「更年期障害」だと言われた。

コ、コ、コーネンキ？　まじまじまじ？　いままで若い男子たちから「生理って、まだあるの？」とか「更年期じゃないの？」などという、更年期ジョークをふられると、スリッパで彼らの頭をはたいていたけれど、もうシャレにならないところまできてしまったのか！

そもそもなんで病院へ行ったかというと、日本に帰国しているあいだ、4か月間まるまる生理が止まったからだった。朝起きると顔がひどくむくんで発疹が出るという症状にも悩まされ、お岩さんみたいな自分の顔にショックを受けた。首まで真っ赤に腫れてかゆみに苦しみ、自分で調べて水分をひかえたり運動したりしてみたけれど、まったく症状がおさまらない。原因が分からない。医師にはこう言われた。

「れっきとした更年期症状です、事実を受け入れて下さい。内臓に問題はないので心配ありません。薬もありません」

心配ないと言われても、醜い顔の腫れはおさまらない。本気で悩んでいたからその後スペインへ行く前に立ち寄ったスリランカで、天然療法アーユルベーダの診察を受けてみた。するど、スリランカ人のドクターは、

「更年期？　まだ少し早いと思われますね。単なる精神的なストレスの可能性もありますが、心あたりはないですか？」

……ストレス？　心あたり、バッチリあるある！

この年の冬、群馬県にある老舗の温泉旅館に住み込んで、派遣アルバイトという形でフロント業務に挑戦してみたんだけど、これが慣れないうえに仕事も環境も厳しすぎてまったく自分に合わなかった。

「海外のアルベルゲやホステルで働いた経験を生かして、日本のＲＹＯＫＡＮも見てみた

い。外国人観光客の役に立ちたい」

っていうのが目的だったんだけど、英語を使う場面なんてほとんどなく、かわりに細かすぎるルールやわけの分からないしきたりをたっぷりとたたき込まれ、ガミガミ怒られる毎日。

働き始めてすぐに生理が止まり、続けてむくみなどの症状が現れた。寒さも厳しいうえに部屋も暗くて事態はどん詰まり。そんな中にももちろん信じられないほどあたたかくてやさしい人はいたし、いい勉強にもなったけれど、完全に自分の居場所ではなかった。

そんなことがあって今シーズンは、実はオスピタレーロをやれる自信がなかったのだ。ところがびっくり！　そのスリランカの医師に処方してもらったあやしい液体と真っ黒な粉薬を飲んでみたらなんと、その翌日に生理がストンときたのです！　そして健康食品の広告じゃないけれど、みるみると顔のむくみや腫れが引いていって、以前の笑顔を取り戻し、スリランカの海で泳ぎまくって心身ともに解放されたのでした。バイバイ、ストレス♪

そんな体験をしていただけに、自分の〝老い〟を受け入れ、痛みに耐えながら歩く練習をしているソフィアちゃんの姿には身につまされる思いがした。

「リハビリなんてイヤだけど、サボったところで家族に迷惑をかけるだけだからね。楽しく生きるためには、がんばらないと」

ソフィアは言う。私の今回の更年期が疑惑だったにしろそうでなかったにしろ、いずれ遠からず、さらなる体の変化はやってくるのだろう。そうなった時、自分もソフィアみたいに前向きにがんばれるだろうか。正直、こえーよ！　でもこの怖さを少しでもやわらげるための、自分にとっての健康法が最近分かってきた。

それは、合わない環境で無理をしないこと。自分がリラックスできる人たちの近くに身を置くこと。当たり前のことだけどね。

ちなみに棚の上に置いた、スリランカのアーユルベーダの茶色い液体薬のボトルは、アルベルゲのキッチンであやしいオーラを放ち、ペレグリーノたちから「何スカ、これ？」ときかれまくっていたけれど、毎日欠かさず飲み、ドクターに言われた通りに緑色のオイルを頭のつむじにつけた。それをここで1か月続けたら、アルベルゲを出る頃には完全に元の体に戻っていた。

三日月の夜に

今回の出発は朝早かったから、ソフィアとは前夜にお別れとなった。

最後の夜もともに夕食をとり、いつものようにソフィアの手をとって家まで送った。

「ルナ・クレシエンテ（三日月）」

ソフィアは坂道を下りながら、月を見上げて言った。

毎晩同じ道を歩きながら、ソフィアはスペイン語で月の呼び方を教えてくれた。ルナ・クレシエンテ（三日月）、メディア・ルナ（半月）、ルナ・イエナ（満月）、ルナ・メングアンテ（欠けていく月）。

なんとなく、今日が最後だと思うと照れ臭かった。どういうふうに別れの言葉を言ったらいいのか分からない。いや、分かってはいるけれどお決まりの挨拶をしてつらくなるのがイヤだった。

「1か月、早かったね。そういえば今回はキス事件なんかもあったね、ハハハ」

サラッと1か月を振り返っただけで、マンションの前に着いてしまった。

ソフィアのマンションにはエレベーターがないから、階段で4階まで上がる。1段ずつ、ゆっくりと階段を上がるソフィアはこの時、息があがってあまり喋れない。家のドアの前に着いて息が整うと、いよいよ別れの挨拶をしなければならなかった。

「ソフィア、今回もありがとう。元気なソフィアに会えてよかった。またいっぱい笑ったね。次に来る時まで、体に気をつけて、元気でね」

「トモコ、ありがとう。今回も助かったし、嬉しかったよ。また素晴らしい思い出ができた。あぁ、私の日本人の娘よ。また会いましょう」

ハグやキスをしながらウルッときたけれど、じゃあ行くねと言ってさっぱりめに別れた。ソフィアも去年みたいには泣かなかった。

1年のあいだにアルベルゲは少し変わっていた。私たちも少し変わった。あまり考えないようにはしたけれど、遠い国に住む84歳の女性に別れを言うのは、近所に住む20歳の人に別れを言うのとは違う。

次はいつ会えるのだろうか。分からない。分からないけど、でも、会えますように、そう願うだけだ。

ソフィア、ばいばい。

さっさと階段を下りて道に出て、アルベルゲへ向かった。すると、

「トモコ――ッ」

坂道を上がり始めたところで、ソフィアの細い声がした。

振り返って見上げると、4階のベランダにソフィアが立って小さい体をこっちに向けていた。夜11時すぎの住宅街。あたりはしーんとしている。ソフィアは口に手を添えて小声で言った。

「トモコ、私たち、本当にまた会えるかな？」

「もちろんだよ、ソフィア。会える。きっとまた帰ってくるから。体に気をつけて、足もだよ。歩く練習がんばって。でも無理しちゃダメだよ」

「うん、分かった。会えるね。この家で待ってるから、ずっと。あんたも体に気をつけるんだよ。いつも幸運を願ってる」

声が少し震え、暗がりで目頭を押さえているのが分かった。そのあとすぐ笑顔になったのも分かった。

「娘よ、おやすみ。バイバイ。ミ・アモール！（愛する人よ）」

そして投げキッスをしてきた。私も同じように返して、ソフィアに背中を向けた。ルナ・クレシエンテ。三日月を見上げると涙があふれてきた。

振り返るとソフィアの影はまだベランダにあった。彼女に大きく手をふって、今度こそ坂道をかけあがった。

ソフィア、またね！

information

『アルベルゲ・エル・ガレオン』
ALBERGUE EL GALEÓN
（※2019年休業中）

サン・ビセンテ・デ・ラ・バルケーラ
（カンタブリア州、スペイン）

宿のタイプ	カミーノ・デ・サンティアゴ 〝北の道〟にある巡礼宿
期間	2016年6月25日～7月25日 （1か月間）
ベッド数	42
宿泊料	1泊10ユーロ朝食込み
おもな仕事	朝食の世話、館内清掃、チェックイン、 巡礼手帳にスタンプ押印、集金、 施設案内、朝食の仕込み、戸締り
労働時間	6：30～22：30
休日	なし
寝床	巡礼者と同じ部屋の2段ベッド
食事	朝・昼食、食材支給

※表記した宿の情報は筆者が滞在した当時のものです。

第6章

食べて、祈って、片付けて（昼寝して）

『アルベルゲ・パロキアル・サン・ファン・バウティスタ』
2016年8月1日〜8月15日（15日間）

スペイン　リオハ州
グラニョン

すげ――――っ、映画みたいだ。マドレ・ミーア（西）、マンマ・ミーア（伊）、なんだよこれ――――っ！

この夏2軒目、グラニョンのアルベルゲの夕食風景には、いままで見てきた中で一番圧倒された。

石造りの大きな教会の屋根裏にある部屋で、50人ぐらいのペレグリーノがふたつの長いテーブルをはさんで向き合って座り、いっせいにディナーに食らいついている。オレンジ色のきらびやかな照明に照らされて、何もかもが輝いて見えた。木の床、頑丈な石の壁、部屋のすみに置かれた古いピアノ、暖炉、ギター……。レトロだけれどゴージャスな感じ、それはまるで『最後の晩餐』のような世界。いや、『鹿鳴館《ろくめいかん》』、『仮面舞踏会』、『グレイト・ギャツビー』！

しかもそこにいるのはトングを使ってサラダをボウルから取りわけている西洋人、水のピッチャーをとって自分のコップにつぐアジア人、ワイングラスを片手に隣のペレグリーノと話し込んでいるラテン系。黒い人、白い人、イエローモンキーズ（byミア・ホステルズ）。いろいろな言語や動きがあって引き込まれる風景だった。こんな、映画のセットみたいなアルベルゲがあったなんて！

ディナーの前に改めて「ようこそ」の挨拶をするオスピタレーラ（おれ）

「気に入った？　オスピタレーロがみんなここで働きたがる理由が分かったでしょう？　1回も団体に希望を出さずに、ここに配属されたあなたはラッキーよ」

到着した私に、今日でここでのボランティアを終える前任のセニョーラ（夫人）はそう言いながら館内を案内してくれた。

このアルベルゲは大きな教会の一角を利用して作られている。教会の裏手にあるドアから入ると、らせん階段を軸にして、大小の部屋が2階、3階、屋根裏とあちこちにあった。なんだか迷路というかアリの巣のような館。屋根裏のロフトからさらに階段をのぼっていくと、〝もっと屋根裏〟にあたる洗濯場があって、さらに秘密の階段をのぼっていくと教会の鐘までたどりつける。

アルベルゲとしての設備はとても質素で、Ｗｉ－Ｆｉはもちろん、ここにはベッドさえなかった。巡礼者たちはみな、床に敷いた厚さ3センチほどの、いや、〝薄さ〟３センチほどのマットレスの上で眠るのだ。

暖炉があるメインのフロアのすみには階段があって、誰かが階段を上がるとミシミシと音がした。そんなレトロな雰囲気まで、すっかり気に入ってしまったよ。

グラニョン村の人口はたったの２５５人。５分もあれば通過できるような小さな村の中心に、このアルベルゲはあった。あたりにはブドウ畑が広がっていて、カミーノ・デ・サンティアゴの道も何度もブドウ畑の中を突っ切るから、ペレグリーノたちも、

「あぁ、俺はいま、リオハワインで有名な、あのリオハにいるのか！」

という気分をたっぷりと味わえる。ひとつ手前のナヴァラ州の道から、〝ワインが出る蛇口〟があったりして、盛り上がるワイン・カミーノ・ムードがたまらない。

今回の仕事開始までに4日間の時間が空いたから、このアルベルゲからカミーノを80キロ歩いてみた（帰りはバス）。それもみんなとは反対方向に、聖地サンティアゴ・デ・コンポステーラに背を向けてカミーノを逆歩する〝逆カミーノ〟に挑戦。これは四国おへんろだと「逆打ち（ぎゃくうち、またはさかうち）」と呼ばれるもので、カミーノ上にもこの逆打ちペレグリーノが存在する。

彼らのことは、過去に歩いた時から気になっていたから、一度体験してみたかったんだよね。実際に歩いてみると、

「なんで逆に歩いてるんスか？」

という質問は1日に1回きかれるかきかれないかぐらいだったのが意外だったのと（私は会うたびにきいていたから！）、朝のラッシュアワーともいえるペレグリーノの多さに驚かされた。

誰かの背中を追いかけるんじゃなくて、テレビゲームみたいに前方からじゃんじゃんペレグリーノが現れて、彼らを正面から観察できる贅沢。「あっ、日本人?」「あ、いまの人かっこよかった?」「えっ、一輪車カミーノ?」……。

そして8月のカミーノは想像以上に、危険なほどに暑かった。毎日、アルベルゲに着いてシャワーを浴びて、日に焼けた体をベッドに倒すとあとはもう死んだように眠るだけ。そんな中、2日目と3日目に続けてふたりの〝号泣女子ペレグリーノ〟に遭遇したのはいったい何だったんだろうか。ふたりとも、この世の終わりかっていうぐらいの勢いでおいおいと泣いていたから放ってはおけず、彼女たちから笑顔が出るまでじっくりと話に付き合った。グッジョブ、オスピタレーロ、おれ。

全然困らない「困った」に困った!

グラニョンでともに働くオスピタレーロは、スペイン人のパコ(52)と、メキシコ人女性のエバ(48)だった。ふたりとも、マドリード在住。

パコの見た目は太った陽気なスペイン人のおじさんで、突き出たお腹や黄色いTシャツや、くしゃっとした笑顔が巡礼者に安心感を与えるのか、ペレグリーノたちは彼がこのアルベルゲを運営する牧師だと勘違いした。でもその見た目とはうらはらに、実は彼は超がつくほどのまじめ人間（職業心理学者）で、私たち３人だけになるといつも四角い銀ぶちメガネの奥の瞳を光らせて、「困った、困った」を連発していた。

「困ったなぁ。シャワー室の床のスノコのすきまに、スイートコーンがはさまっちゃってとれないんだよ」

「困った、困った、チェコ人の男子に、サラダに入れるニンジンをピーラーでスライスしてくれって頼んだら、みじん切りにしやがったんだよ。みじん切りだぜ、おい」

はっ？　知らんがな。もう、あっち行って。

ちっとも困らない「困った」コールにまともに付き合っているとキリがない。疲れるからそういう時はきこえないフリをしていたんだけれど、そのくだらなさと大げさな落ち込みっぷりが時々ツボにはまることもあった。

スーパーに大量の買い出しに行った時、レジで「しまったー！」と自分のおでこをはたいて、頭を抱えてしゃがみ込む勢いだったから何かと思ったら、

「ポイントカードを忘れた！　今日こそ、俺のカードにポイントをつけてやろうと思ってたのに」

だって。また別の日はいきなり、「ふたりに謝らなきゃいけないことがある」と、やけにかしこまって言うから何かと思ったら、

「ふきん用の洗剤、白専用を買わなきゃいけないのに、色柄用を買ってきちゃったんだ。すまない、あれをスーパーでカゴに入れたの、俺なんだ」

と、大罪の告白みたいなシリアスな表情で。

「ここは、ペレグリーノとのコラボレーションがモットーのアルベルゲなんです」

アルベルゲを総括する牧師のヘススは、私たちに伝えた。

オスピタレーロだけが働くんじゃなくて、ペレグリーノと一緒に夕食を作って、テーブルをセットして、食べて、全員で片付けて、そのあとお祈りの集会みたいなものまである。まるで映画『食べて、祈って、恋をして』みたいなもんだ。いや、それよりも『食べて、祈って、片付けて』か。

ともかくそのコラボレーションを、毎日平均60〜70人ものペレグリーノを動かしてやるとなると、どの工程もお祭り騒ぎになった。

しかも日によっては村のベーカリーとのコラボレーションというのもあって（コラボりまくり！）、ベーカリーのオーブンを夕食の調理に使わせてもらうかわりに、オーナーの

マダムに向けてペレグリーノ全員で一芸を披露するというゲームみたいなものもあった。

下準備ができた野菜を何枚もの鉄板にのせてベーカリーへ持って行って、焼きあがる頃に、ペレグリーノ全員で店の前に押しかける。村の小さな通りを、70人近いペレグリーノたちが歌いながら行進するところからすでに見ものなんだけど、歌や踊りが始まるとほかの宿に泊まっているペレグリーノや村人も集まってきて、ちょっとしたゲリラライブみたいになった。ヒュー、ヒュー！

「アイアム、フロム、ジャパン」

アルベルゲのダイニング、〝最後の晩餐ルーム（誰も呼んでなかったけど）〟におさまるのは50人までで、それを超える日は庭でのディナーとなる。これもまた大仕事で、ペレグリーノたちに手を借りてイスやテーブルや食器類をバケツ消火リレーみたいに、3階からえっちらおっちら外へ運び出さなければならなかった。

ペレグリーノたちは非常事態に喜ぶ子供みたいにはしゃいで、そんなお手伝い風景さえも写真におさめたりしている。楽しんでもらえれば儲けものだけれど、オスピタレーロの私たちは、彼らに効率よく手伝ってもらうための下準備段階から走りまわっていた。

「トモコ、あなたの友達が来てるわよ！」

その日、休憩から復活してキッチンに出るとエバに言われた。

友達？　去年のオスピタレーロの仲間だろうか。すると、キッチンにひとりの日本人男性が座っていた。

あっ、あっ、あ――――っ……！　懐かしい顔に驚いて彼のフルネームを呼びながら声が少しひっくり返った。

「長田大三郎さん、大ちゃ――ん！」

彼の名前だけは忘れない。

毎年、フランス人の道を歩いている日本人のペレグリーノ、日本で行われているトライアスロンの最高齢完走者の記録も持つ長田大三郎さん。

1年前、エステーヤのアルベルゲで働いた時にも現れて、やさしい笑顔と得意の書道で巡礼者たちの人気をかっさらっていた日本人の健脚じーさんだ。

「よかった、やっぱりトモコさんだった。ここに来る前のナヘラ（リオハ州）のアルベルゲで、グラニョンには日本人女性のオスピタレーロがいるってきいたから、ひょっとしたらトモコさんじゃないかなと思ってね。会えてよかったわ。また酒買ってきたから、あとで飲もーや！」

うん、飲む飲む！　さっそく酒の話をする大ちゃんと、その変わらない笑顔と、この再会と、すべてのことが嬉しかった。

去年はひとりで歩いていたけれど、今年77歳になった大ちゃんは、韓国人のリンデン・ジャングという、日本でも作品を発表している映画監督に密着取材されて歩いていた。密着されながら歩くなんてかっこえぇ。リンデン監督は、日本にも住んでいたことがある日本語ペラペラの若手映画監督で、1年前のカミーノで大ちゃんに会ってすっかりホレ込み、今回は大ちゃんをメインにしたカミーノのドキュメンタリーを撮影するために歩いていた。

大ちゃんは今年もまたトライアスロンに挑戦したという。水泳3キロ、自転車150キロ、フルマラソン42・5キロ。って、本当に77歳ですかあなた！

「今年は自転車のタイムでひっかかっちゃって、完走できなかったんよ」

大ちゃんは悔しそうに言いながらも、

「でも最高齢完走者の記録は、まだ破られてないんだけどね」

とニヤニヤしながら付け加えて私を笑わせた。

こんなスーパーじーさんなんだから、カミーノなんてちょろいものだろう。私がカミーノを歩く時は1日20キロが目安だけれど、彼は相変わらず30キロ以上を歩くのが当たり前。40キロ以上の日もあると言った。

「ナガタさんは毎年〝フランス人の道〟を歩いているけど、経験も体力もあるんだから〝北の道〟とか〝銀の道〟も歩けばいいのに。興味ないの？」

「興味がないわけじゃないけどね。自分の体のことは自分が一番よく分かってるから。この歳だし、いつ何が起こるとも限らないからね。もし、何かあった時にこの道なら巡礼者が多いから英語が通じて助けてもらえるやろ？　といっても英語もよう喋られんけどね、ははは」

「さすが大ちゃん。冷静に自分を分析できてるわ」

大企業のエンジニアだったナガタさんは引退後、少年サッカーのコーチをしたりしながら、時間があれば自転車で国内を旅したりしているという。フルマラソンの大会にもたびたび出場していて、朝は毎日6時に起きて7キロ走る。夜は9時には寝る。サッカー少年たちにいつも言っていることは「どんどん失敗していい！」。人生で大事なことは「歯をみがくこと」。もちろん腹は出ていない。スリムな手足には筋肉がしっかりとついている。

そんな会話から1、2時間たって庭でのディナーの用意が整った。

しかしパコが「みんな揃ったかな？」と挨拶を始めようとしたら、韓国人のリンデン監督が「ナガタがいない」と言い出した。ほかのみんなはもう、今日もびっしり70人近くテーブルについているというのに。

「あれ、大ちゃん、さっきまでいたのに。どこだろ？　ここにいないとすれば まだ館内かな。大ちゃーん、大ちゃ――ん！　ナガタ――ッ！」

庭から3階の窓へ向かって、大きな声で大ちゃんを呼んだ。ペレグリーノたちも私のマネをして、

「ナガタ――ッ！」

と呼び始めた。するとリンデン監督が面白がってビデオカメラを抱え、

「ちょっとすいません、全員声を合わせて、もう一度ナガタって呼んでもらえませんか？」

と言い、「せーの！」で声を合わせてみんなで呼んだ。

「ナガタ――ッ！」

そしてそのまま、

「ナガタ、ナガタ、ナガタ、ナガタ……♪♪」

といつのまにか手拍子がついてナガタコールが巻き起こった。

すると絶妙すぎるタイミングで、建物の入口から本人がご降臨。「いやいや、遅くなっ

ちゃったー」とか日本語でモゴモゴ言いながらニコニコと走ってきた。そんなナガタに、口笛と拍手喝采。テレてみんなに手をふるナガタこと大ちゃんは、

「いやー、こんなものを用意してたんでね」

と言って小さなものを、私とエバに差し出した。

それは松ぼっくりにピンクや黄色や紫の小さな野の花たちが差し込まれたフラワーアレンジメントだった。

「はい、これ、あなたたち女性ふたりに。今日のカミーノで見つけた花を、こんなふうに飾ってみたのでね。オスピタレーロご苦労さま。センキュー！」

「センキュー」以外は日本語だったけれど、ナガタが発するすべての言葉はその場にいた全員に伝わって、まわりからあたたかい拍手が起こった。わー、なんか、アメリカ映画みたいじゃん。

「はい、それからこんなものも書いたんでね」

大ちゃんは小さな紙切れをエバに渡した。そこには筆ペンの美しい文字で〝ＥＶＡ 絵庭〟と書かれてあった。これは〝大ちゃん書道〟だ。

「エバさんはね、絵に描いた庭のように美しい。きっとそういう庭を心の中に持っているんでしょうね。そんな意味をこめて絵庭という漢字を選びました」

みんな大好き、ナガタさ――ん♡　亡き父への思いから、52歳で始めたというトライアスロンの世界でも有名人！

好きな人が隣でも（近すぎてドキドキ！）、クサイ人が隣でも（近すぎてプァ〜ン）、眠るのが難しい状況？

スペイン語に訳してエバに伝えると、エバは「嬉しくて、幸せすぎて涙が出そう」と言って大ちゃんに抱きついた。まわりのペレグリーノたち（エキストラ！）はそこでまたナガタに大きな拍手。

わ――、いいシーンだ、撮れ、撮れ、まわせ、いまだ、まわせよ、リンデン監督！

こりゃいいドキュメンタリーが撮れるわ、監督もナガタにホレ込むはずだわ。

大ちゃんは食事の席でもフランス人のオバサンチームに囲まれて質問攻めにされ、またしても人気者だった。そして大ちゃん書道をたくさんのペレグリーノたちにサービスしてあげていた。

祈りの集会ナガタ編・NAGATA

夕食後、このアルベルゲでは祈りの集会を行う。チェックインの時に、

「祈りの集会といっても、宗教的なものではなくてカミーノ祈願みたいなものですから」

と言って希望者だけを集めていたけれど、毎晩ほぼ全員が出席していた。場所は教会のはるか上方の、祭壇を遠くから見守る聖歌隊席。

この日は大ちゃんがいるから少し緊張した。

「それでは集会を〝沈黙〟から始めたいと思います。沈黙、静寂、無音。今日のカミーノを振り返ってもいいですし、何も考えなくてもいいです。ただ何も言わずに目をつぶって、全員で沈黙を共有しましょう」

会は静かに始まる。

20席ほどの聖歌隊席だけではとうてい席が足りず、毎日たくさんのペレグリーノが床に座っていた。照明は落として、灯りは中央にたてられたキャンドルのみ。壁のステンドグラスだけが外の明かりで浮かび上がっている。

進行はパコがスペイン語で、そのあとに私が英語で続ける。

沈黙が終わったら今度は〝巡礼者のともしび〟。

灯りのともったろうそくを手に持って、ひとりずつ、何か喋って隣の人にパスしていく。パスするといっても、「山手線の駅名！」とかお題を出してどんどん膨らんでいく風船をパスし合うとかのゲームとは違って、時間制限はない。喋る内容も言語も自由。いまの気持ち、今日のカミーノ、大切な人へのメッセージ、なぜカミーノを歩いているのか。喜び、感動、怒り、悲しみ、あせり、告白。好きな詩の一節でもいいし、歌を歌ってもよい。喋りたくなければ黙ったままでもよい。ただ、すべての瞬間をここにいる全員で共有しましようと説明した。

ペレグリーノは長く喋る人もいれば、ひとこと「ありがとう」とだけ言う人もいた。何も言わずにろうそくの火を見つめて隣にパスする人もいた。喋りながら泣き出す人もいた。

このあいだに私が考えることといえば「あ、屋根裏に干したふきんをまだ取り込んでないわ」とかに始まって1日をダイジェストで振り返りつつ、ふいに『徹子の部屋』ってまだ続いてんのかな?」とか日本のことを思い出したりもするけれど、人生とかそういうことについても考え始めて、嬉しくなったり時に悲しくなったりした。会が終わると、パコが涙ぐんでいる日もあれば、エバが涙ぐんでいる日もあった。

大ちゃんがいたこの日は、たまには日本語で何か言ってみようかと考えていた。しかしろうそくを受け取った大ちゃんは、予想に反して英語で、ゆっくりと喋り出した。

ひとことずつ、いったん自分に言い聞かせるように日本語で言ってから、英語に直していく。

「マイネームイズ、ダイザブロー、ナガタ。アイアム、フロム、ジャパン。夏は、カミーノを歩くことが私の仕事です。サマーシーズン、マイワーク、イズ、カミーノ。なぜなら、すでに私は77歳。ビコーズ、アイアム、セブンティセブン、イヤーズオールド。すべての日が休みの日だからです。エブリデイ、イズ、マイホリデー!」

大ちゃんのジョークにどっと笑いが起こった。

「アイライク、ウォーキング。アイラブ、カミーノ。アイラブ、スペイン。アイラブ、エブリバディ。今年は7回目のカミーノでした、来年も8回目を歩きに来たいと思います。ザッツ、オール！」

一生懸命、堂々と、折り目正しくスピーチする大ちゃんを見ていたらふいに涙腺がゆるんだ。やば、やばっ。なんか大ちゃん、古きよき日本映画に登場する日本人みたいではないか。自分のことはさておき「ほら、日本人ってすごいだろ！」とみんなに自慢したい気持ちだった。

私の番になり、ろうそくを受け取ると英語で言った。

「オスピタレーロは今年で2年目、ここで5回目になります。カミーノや旅が好きで1年のほとんどを海外で暮らしています。外の世界を見て、こうしていろんな国のみなさんに会うのが好きだからです。でも今日、1年ぶりに、あそこにいる日本人のナガタさんと、またオスピタレーロとペレグリーノとして再会して、彼の笑顔や、誰にでも敬意を払う姿勢を見て、わーっ、自分の国ニッポンっていいな、素晴らしいな、ニッポン人って美しいなと思いました。今日は最良の日です。ありがとう！」

ありきたりなことしか言えなかった。最後の「ありがとう」だけは日本語で言って頭を下げた。本当に「ありがとう」の気持ちでいっぱいだったから。ザッツ、オール!

南京虫バスターズ

「元気?　大丈夫?　いつも掃除ありがとうね」

アルベルゲのオーナーであり、教会の牧師であるヘススはいつも掃除中の私たちの様子を見に来て声をかけてくれた。教会の外壁は石でも、アルベルゲ内部は木造が多かったから、特別な害虫駆除対策が必要だった。

ダニと南京虫はアルベルゲの天敵だ。野山を歩いてくるペレグリーノたちが、毎日入れ替わり立ち替わり、虫を外から運び込んで来てしまうから、対策といってもキリがないんだけれど、かといって何もやらないでいるとあっというまに〝害虫の館〟となり、休館か閉館の道をたどることになる。ここは建物が古い分、虫が余計に繁殖しやすいようだった。

虫が好むのは木製のキッチンカウンターや木の柱、階段の手すり、床。

ここの駆除は本格的で、掃除機みたいな専用器機を使って『ゴースト・バスターズ』みたいな体勢(おもに中腰)で超高温の蒸気を噴射する。この器機がやたらと重いうえに、少しでも気を抜くと熱い部分に手が触れてアチッとなったりするから油断できなかった。木のイスにも、窓の枠にも、トイレやシャワー室の天井や柱にも、木の部分すべてにぬかりなく噴射する。ペレグリーノが使うマットレス70枚も、1枚ずつせんべいみたいにひっくり返しながら、両面に噴射した。蒸気は超高温というところに意味があって、液体自体はただの水らしい。本当に効きめがあるのか半信半疑だったけれど、ただ毎日ボエーッと手を動かしていた。

昼寝スポットを探せ！

「1分1秒でも多く、平和な眠りを確保したい」

忙しくてゆっくりものを考える時間はなかったけれど、それだけは毎日考えていた。私とエバの部屋はペレグリーノが寝る大広間と隣り合わせだから、夜も昼も、常にペレグリーノの声や物音で起こされる。

そこで牧師のヘススにかけあって、教会の高いところにある聖歌隊席で昼寝をさせてもらうことにした。夜の祈りの集会でしか使われていないであろう聖歌隊席エリアへ、マットレスを持ってこっそり侵入。カギを開けて入ってみると、そこは昼間も100パーセントの静寂に包まれていた。教会を訪れる人がいたとしても、はるか下のほうで静かに祈って出ていくだけだからこっちまで物音は届かない。下からこっちを見上げたとしても、誰かが寝ていることまではまずバレないだろう。

教会の中は1日じゅう、日が差さないからひんやりとしていて、真夏の昼寝スポットとしてこれ以上、恰好の場所はなかった。教会だけに、まさに昼寝の聖地、ホーリー・プレイス・オブ・昼寝！

聖歌隊席の中央の、たぶん指揮者が立つあたりにマットレスを敷いて横になって、45分後の17時に目覚ましをセットした。やった、カンペキだ。

その瞬間、ストンと眠りに落ちて17時が来るまで一瞬たりとも目を覚まさなかった。ファーストクラスの眠りというのは、高級ベッドやハイテク枕を使ったものではなくて、こういう眠りのことを言うのだろう（乗ったことないけど）。

虫刺されの心配があったけれど、虫よけのスプレーもたっぷり手足にぬっておいたから大丈夫だった。目が覚めると、あまりの充実感と気持ちよさでのぼせそうになったぐらいだ。快楽、快感。立ち上がる時にクラッとなりかけたのがまたよかった。

幸せにひたりながらのっそり立ち上がって、今度はそのまま〝立ち入り禁止・スタッフオンリー〟のラインを越えて秘密の階段へ。教会の鐘塔までのぼって行った。

高い塔の上からは、オレンジ色の屋根が集まった小さな村とまわりの自然が見渡せた。周囲には乾いた土の大地が広がっていて、遠くには緑のブドウ畑が連なっている。

東のほうを見ると、遠くから歩いてくるペレグリーノが見えた。午後の強い日差しの下を、ペレグリーノとして歩くのは修行以外の何物でもないだろう。ブエン・カミーノ、ペレグリーノ。気をつけてここまで来ておくれよ。

村で一番、空に近い塔の上。大きな鐘の下にひとりで立って午後の風に吹かれていると、宮崎駿の作品に出てくる利発な主人公（美少女）みたいな気分になった。よくなるんだよ、あたしゃこういう場所では。そして風や鳥たちと「お話」するのだ。ウソ、しないけど。

このアルベルゲではトイレ以外でひとりきりになれる場所はないと思っていたけれど、聖歌隊席と鐘塔という、2大オアシスを発見した。どんな場所にも必ず〝逃げ場〟とか〝すきま〟ってあるもんだよね。

鐘塔にのぼれるのはオスピタレーロだけの特権だったけれど、疲れて落ち込んだペレグリーノがいると、こっそり階段のことを教えて「のぼるとスッキリするよ」とすすめた。

パコはマチスタ（男性優位主義者）？

「いまから後片付けの段取りを説明しまーす。食器は大きな6つのたらいで洗いますから、まだ勝手に動かないで」

黄色いTシャツのパコは相変わらずひとりで仕切っていた。

仕切ってくれるのはかまわないけれど、私が英語で説明する時に、パコのスペイン語にちょっとアレンジを加えると、「あれ？（何か違うこと言いやがって）」と不満そうな顔をしたり、エバにはまったく話す機会を与えなかったり、独擅場的なところが少々気になる。

エバもそのことに疑問を抱いていた。

「最初はパコにまかせておけばいいやって思ってたの。でも集会の進行も詩の朗読も、最後の挨拶も全部彼がやるのって、やっぱり変よね？　私もオスピタレーロだし、スペイン語だったら私だって母国語なのに、ボーッと突っ立って見てるだけだなんて。ふと、私がここにいる意味あるのかしらって思ったりするわ」

「そうだよ。それにディナーの時、私たち3人がみんなの前に立つのに、パコだけが喋るのって変じゃない？　年長だから？　男だから？　彼、マチスタなんじゃないの？　女ふたりは横でうなずいてるだけなんて、昔の日本じゃあるまいし」

マチスタは、モロッコのスペイン語教室でも習った男性優位主義者のこと。熱心さゆえに、奉仕の精神でやってくれているのだから彼はマチスタではないかもしれないけれど、多少はまわりも見てもらわないとー。

ところが、仕事にのめり込んでいくうちに、私たちにもパコに気を使っている余裕がなくなっていって、パコ政権はいい感じにくずれていった。格好だけの遠慮なんて長くは続かない。パコは、朝は3人全員が6時に起きて働くべきだと主張したけれど、私とエバは反対した。

「6時に起きるのはひとりで十分だよ。残りのふたりは7時でオッケー。休めるところは休まないと!!」

そう主張して3交代制を実行。それでもパコは、自主的に毎朝6時に起きてたけどね。

「たまには観光でもしに行こうよ。アルベルゲは24時間オープンだけど、24時間オスピタレーロが常駐してなきゃいけないって決まりはないよ。疲れた顔してだらだらといるオスピタレーロなんて誰も喜ばないよ。書き置きを残して、セルフ・チェックインにしよう」

私が提案すると、パコは、

「えーーーっ、無理だよ！　絶対ダメ、ダメ！」

と言っていたけれど、これも最終的にパコに車を出してもらってミニお出かけが実現した。

3人で近郊の中世の面影を残す村へ行って、フォアグラのパテで1杯やってリフレッシュ。いつも午後1時に戻るところを2時に戻ったけれど、アルベルゲはすべて平和に丸くおさまっていた。ほらね、心配することなんかないよ、パコ！

ラスト・スピーチ

そうこうしているうちに、今回もあっというまに最終日がやってきた。慣れてきたと思ったら終わってしまうのがこのボランティアの淋しいところ。

夜の祈りの集会もこれで最後だと思うと、名残惜しかった。

〝巡礼者のともしび〟が始まると、火のついたキャンドルはパコのところにまわっていた。司会者としてではなく、パコの個人としてのスピーチが始まった。

「えー、実は私たちオスピタレーロ3人は、明日ここを出ていきます。15日間、こんな美しいアルベルゲで働けて光栄でした。カミーノを歩いた時とはまったく種類の違う、素晴らしい体験。特に、ここにいるふたりの仲間、エバとトモコに出会えたことが僕にとっては貴重な財産となりました。オスピタレーロをやるのは2回目でしたが、ここは仕事が多くて最初は戸惑った。でもエバは僕の相談にのってくれて〝パコ、そんなに心配しなくても大丈夫だよ。ペレグリーノは子供じゃない。友達だと思って、もっとリラックスしてやればいいんだよ〟と言ってくれました。僕は何か心配ごとがあると、全体が見えなくなってしまうんですよね。でもエバのメキシコ流の、おおらかで前向きなアドバイスに助けられました」

おぉ、何かいいこと言ってるじゃんパコ！　私のことも何か言われるのかしら……。

「それからトモコ、彼女は日本人でオスピタレーロの経験もたくさんあるときいていたからどんなサイボーグが、どんな仕事人間が来るのかと思ったら、いい意味で僕の予想を裏切ってくれました。〝パコ、その仕事、あと回しでいいよ〟〝パコ、少し休もう、ビール飲まない？〟〝ジャガイモの皮？　むかなくていい、そのほうがおいしいから〟……あはは。常にマイペースな彼女には正直、驚きました。でも、それでいて常にペレグリーノを引き寄せているんですよね、彼女は。そんなトモコのスマイルと仕事ぶりを見ているうちに、彼女は僕のお手本になりました。毎晩、仕事を終えて飲みに行くと、彼女たちは僕をたくさん笑わせてくれた。エバ、トモコ、ありがとう。ペレグリーノのみなさんも、オスピタレーロに興味があるならぜひ一度やってみることをおすすめします。歩くのとは違う形で、あなたの新しい道を作ってくれることでしょう。ブエン・カミーノ！」

え――――っ、やっぱ何かいいこと言ってるじゃんパコ！

なんかおニャン子クラブ卒業コンサートみたいな、いや、ＡＫＢ？　なんでもいいけど、私たちのことをポジティブにとらえて、かつ大人な感じにまとめている。このスピーチこそ、スペイン語が分からないみんなにも訳して伝えたいぐらいだった。

そしてラストはこのアルベルゲの伝統儀式。いつものように、なぜこのアルベルゲではペレグリーノの巡礼手帳にスタンプを押さないのかをまず説明した。

巡礼手帳はスペイン語で「クレデンシャル」とよばれ、ペレグリーノたちはこの手帳に、行く先々のアルベルゲや教会、バルなんかのスタンプを集めながら歩き、このクレデンシャルを提示することでアルベルゲに宿泊できる。そして、サンティアゴ・デ・コンポステーラに着いた巡礼者は、これを提示することにより巡礼証明書を発行してもらえるのだ。

ところがその、巡礼者にとってのパスポートともいえるクレデンシャルにこのアルベルゲではスタンプを押さないから、その理由を毎晩、集会のフィナーレで説明していた。私のこの仕事も今日が最後。

「なぜ私たちがみなさんの巡礼手帳にスタンプを押さないのか。それは手帳はただの紙きれだから、月日がたてばよれよれになって破れてしまうかもしれないから、失くしてしまうかもしれないからです。だから私たちはスタンプのかわりに、いまからみなさんひとりひとりをハグさせてもらいます。ハグの思い出は破れないし、引っ越しでも捨てられないことを願います。サンティアゴの大聖堂の前に立った時に、今日のことを一瞬でも思い出してもらえたら嬉しいです。先日、ここに来た日本人の77歳のペレグリーノは言いました。〝マイワークイズ、カミーノ〟と。オスピタレーロの私も同じです。〝マイライフイズ、カミーノ〟とも言えるかな。カミーノに出会ったおかげで、家なしの私はアルベルゲという〝家〟を見つけました。時々、みんなはサンティアゴに向かっているのに、自分はここにとどまって何をやっているんだろう、私のサンティアゴはどこにあるんだろうって思うこともあります。でもオスピタレーロをやることが、いまの私にとってのカミーノだと気づきました。明日からのカミーノはもちろん、サンティアゴに着いたあとのみなさんの人生カミーノも、美しい光に包まれますように。ブエン・カミーノ！」

そしてペレグリーノひとりひとりにハグをしながら思った。

「私のサンティアゴ」とか言っちゃって、無料ステイが目的のくせによく言うよと。でも、ありがとうアルベルゲと。

エバがタイミングを見計らって、教会の照明のスイッチを入れに行くと、暗かった教会がゆるやかに明るくなって正面の祭壇が煌々《こうこう》と光り出した。ハグが終わったペレグリーノたちは2階の聖歌隊席から祭壇をじっと見つめる。瞳が涙で光っている人もいる。今日も照明のタイミングはバッチリだったね、エバ！

ペレグリーノ全員が去っていったのを確認すると、私はエバとパコに言った。

「さ、消灯だ。最後だからもう早く飲みに行っちゃおうよ。朝食の準備は明日起きてからでいいんじゃない？」

すると、パコが、

「絶対、絶対、ダメ、ダメ、ダメ――――ッ！」

と言いながらもニコニコと近づいてきて私を抱きしめ、それを見たエバも抱きついてきてトリオハグになった。

information

『アルベルゲ・パロキアル・サン・ファン・バウティスタ』
ALBERGUE PARROQUIAL SAN JUAN BAUTISTA

グラニョン
（リオハ州、スペイン）

宿のタイプ	カミーノ・デ・サンティアゴ〝フランス人の道〟にある巡礼宿
期間	2016年8月1日～8月15日（15日間）
ベッド数	なし。マットレスにておよそ70人収容
宿泊料	なし。寄付制、朝・夕食付き
おもな仕事	朝食の世話、館内清掃、洗濯、買い出し、チェックイン、夕食調理、集会の進行、朝食の仕込み
労働時間	6：30～22：30
休日	なし
寝床	オスピタレーロ室を同僚とシェア
食事	食材支給

※表記した宿の情報は筆者が滞在した当時のものです。

第7章

ジャイ子とイタリアの美青年

『アルベルゲ・パロキアル・サンティアゴ・エル・レアル』

2016年8月16日〜8月31日（16日間）

スペイン　リオハ州

ログローニョ

1日もあいだを置かず、オスピタレーロとしてアルベルゲからアルベルゲへ渡り歩いて即働くのははじめてのことだった。

ここが2016年の夏3軒目。去年も同じ軒数をこなしたと言うと、新しい同僚たちは英語で、

「ユー・アー・クレイジー！」

と言って歓迎のハグをしてくれた。

ほんとだよ、確かにクレイジー。こんなに連続して、渡り鳥のようにアルベルゲからアルベルゲへ転々とするオスピタレーラ、家なしの自分以外に見たことがない。

前任地、グラニョンのアルベルゲで最後の朝食をとったあと（〝最後の晩餐ルーム〟で！）、昨日までの同僚パコの車に乗せてもらってここへやってきた。

グラニョンから国道を、カミーノを逆戻りする方向へ53キロ走ればこの町ログローニョ。リオハ州の州都で、「中世の面影を残す町並み」といえばスペインでは珍しくないけれど、なんといってもこの町は、毎日がワイン祭りのようなバル街が有名だ。

アルベルゲは旧市街に建つ大きなサンティアゴ教会の中にあって、ここには前のアルベルゲよりもずっと高い鐘の塔がそびえ立っていた。いいぞ、いいぞ。

ついに個室で眠れるの⁉

新しい仲間はメキシコ人のベルタとイタリア人のパオラで、ふたりとも身長が１８０センチぐらいある背の高い、〝太（ベルタ）〟と〝細（パオラ）〟のコンビだった。

ふたりのふだんの会話はスペイン語。

「あなた43歳？　やったね、あたしたちふたりとも44。ホデール！（なんてこった）、女3人同世代！」

イェーイ、ベンガ、ホデール！　さっそく乾杯！　と言いたいところだけど、朝に到着したオスピタレーロは、そのまま掃除に参加するのが自然な流れだった。茶の1杯も飲まずに、ゴム手袋をはめて、我ながらエライわ。がんばって――！（もうひとりの自分より）

「通常、1階の2段ベッドは年配のペレグリーノや、怪我をしているペレグリーノたちに優先的に使ってもらっています。エントンセス（とにかく）、元気な若者たちはみんな2階のマットレスに寝てもらってね」

1階の床をホウキではいていると、このアルベルゲの責任者である牧師のドン・ホセ・イグナシオが現れて言った。

ホセ・イグナシオは長身で恰幅がよく、黒いシャツを着て首にループタイをぶら下げている。ズボンをサスペンダーで留めていて、一目で牧師だと分かるファッションだった。いかにも「ドン」らしき貫禄（「ドン」はスペイン語の敬称）。はきはき、きびきびと喋る人で、接続詞の「エントンセス」が角々していて耳に残った。

「少し厳しい人だけど、立派なドンなんだよ。彼が発起人になって、ペレグリーノのためにグラニョンの教会や、ログローニョの教会の一部をアルベルゲとしてオープンさせたんだ」

彼のことは昨日までの同僚パコからそうきいていた。そのドンからの指示。

「エントンセス（とにかく）、スタッフの部屋はもう見ましたね？　2人部屋がふたつありますから、3人で適当に使って下さい」

えっ、本当に？　いまこそリオハワインを飲んで祝杯を上げたい気持ちだった。まじまじ――？　本当に、やっとひとりきりの部屋で寝かせてもらうチャンスが来たの――？

喜ぶ私にイタリア人のパオラは、

「私はこの2週間だけ、オスピタレーロをやるためだけにスペインへ来たから、寝る場所なんかどーでもいいわ。トモコはすでにアルベルゲ生活が長くて疲れてるんじゃないの？　ひとりで部屋を使えば？」

と言ってくれた。あぁ、心やさしきイタリアーナ。彼女はイタリアのコモ湖近くに住む熱心なカトリック教徒で、カミーノを歩いたのも宗教的な理由からだと言った。色白でスラッとやせていてノーメイクで、いかにも〝教会女子〟〝ボランティア女子〟っていう感じ。

「ありがとう。しばらく個室で寝てないから嬉しいわ。でも3人交代で使えればそれでいいよ」

と、言い終わらないうちに、メキシコ人のベルタが大声でかぶせてきた。

「ダメダメ、あたしは個室じゃないとヤダ。3人交代？　そんなのダメ。あたしは相部屋でなんか寝れないんだから！　ぜーったい無理無理、あたしひとりで使うから——っ！」

うわ——っ、なんじゃこのヒトの迫力は！　大柄でボリュームのある体つきをしたベルタは、ウェーブがかかった髪を腰のあたりまで垂らして、力の入ったフルメイクを施した〝どすこい系〟……いや、イヤリングやアクセサリーをじゃらじゃらとぶら下げたどこかの占い師みたいな風貌だった。強いオーラを放っていて、オスピタレーロ業界ではまれに見る新型怪獣、わがままジャイ子系？　あれ、ジャイ子って、『ドラえもん』の中では悪そうに見えて意外と性格いいんじゃなかったっけ?

ともかく、新しいチームメイトの迫力に押されて、1部屋を彼女ひとりにゆずることになった。がっかり。

ウルトレイア、もっと遠くへ!

このアルベルゲでは、食事の前に中世のフランス人の巡礼者が作った「ウルトレイア」という巡礼者の歌をみんなで歌うのが習慣になっていた。毎晩、ディナーの時間になるとホセ・イグナシオが通訳係である神学校の生徒ふたりを連れてきて、歌の意味を説明する。彼のスペイン語を、フィリピン人の神学生がそのつど英語に訳して2か国語で伝えた。

「ウルトレイアというカミーノのスローガンは、みなさんもうご存知? この歌は、そのウルトレイアという言葉の説明でもあります。〝ウルトレイア、もっと遠くへ、もっと高く〟という意味。サビの部分はそう歌っていて、〝神は私たちを助けてくれる。道の終わりにはサンティアゴ・デ・コンポステーラが待っている〟と続きます」

軽く練習してからみんなで歌い上げると、ホセ・イグナシオが祈りの言葉のあとに「アーメン」と言って食事が始まった。ザ・カトリック！　現代のカミーノでは数少ない、ザ・カトリックなアルベルゲ。

ウルトレイア、もっと遠くへ。

この言葉をきくと無限の可能性というか、小さな箱の中から広い大地へ飛び出していくような、開放感を覚える。

中世の巡礼者たちの思いはまた違ったのかもしれないけれど、過去にカミーノを歩いた時は仲間たちと野原で「ウルトレイア――！」と叫んでスカッとしたりした。

久しぶりにこの言葉をきけて、毎晩みんなと歌うことができるのは役得ってやつだな。

三人三様

「ノ――ッ、ダメ――！」

「ノ――ッ、違う――！」

「ノ――ッ、遅――い！」

ジャイ子じゃないほうの、やせたほうのオスピタレーラ、イタリア人のパオラは、人に注意する時や「ノー」を言う時の声が極端に大きくてみんなをビビらせた。ふだんは落ち着いてるんだけど「ノー」を言う時だけおっかなくなるという、変わったクセ。たとえばペレグリーノが鍋を片付ける場所を間違ったり、禁止されているところに洗濯物を干したり、私かジャイ子が食べかけのビスケットがまだあるのに新しい袋を開けてしまったりすると、即、パオラの雷が落ちる。『サザエさん』の父・波平の「バカモーン!」みたいに。

慣れないペレグリーノたちは、みんなビクッと肩を上げて緊張した。そんな彼女にツッコミを入れられるのはジャイ子だけだ。

「パオラ、分かったけど、そんな恐い声出して言わなくてもさー」

「ごめん、これ、私の悪いクセなの。直さなきゃいけないのは分かってるんだけど」

パオラは申し訳なさそうに言った。修道院から飛び出してきたかのような質素な身なり(ノーメイク、ノーアクセサリー、ノーまゆげカット)の彼女は生活態度も超まじめで、カフェインもアルコールも一切とらない。時々3人でバルに休憩に行くと、飲み物代は経費から出せるのに、自分の分は絶対自腹で払いたいと言ってきかなかった。

「おぉぉぉ――――っ!(低音ボイスで賞賛)すげーよ、自腹!」

こういう時の声は、私とジャイ子でぴったりと息が合った。もちろんそんなジャイ子も、私にとっては、新型以上の新型なんだけど。これまでは、休みなく働く超人オスピタレーロたちに驚かされてきた。でもジャイ子に対する驚きはその逆で、自分より〝働かないで賞〟。そして〝まわりを気にしないで賞〟。入賞、おめでとーございまーーす♪

ジャイ子は毎日、自分に割り当てられた掃除区域が終わると、私とパオラがいくらまだ熱烈掃除中でも、

「あたし終わったから。シャワー浴びるねー！」

と言ってとっとといなくなった。あれーっ、「あと、どこが残ってる？」のひとことは？　美しい助け合いは……？　こういう時は、パオラと目を合わせて肩を落とした。

ディナーに関しても4日目に、

「毎日、パスタなんてイヤだい！」

と、アルベルゲでそれを言っちゃおしまいよ、なことを言い出して、文句を言うなら自分でタコスでも作れ！　と思っていたら本当に「メキシコ風スナック」を作ってはくれたんだけど、出来上がったものを見たらそれはどーー見ても腹ペコのペレグリーノが満足できる量ではない。クラッカーの上にハムやチーズをのっけただけの「ナビスコリッツパーティーか！」と言いたくなる代物でメキシコ色もなく、私とパオラを困らせた。

あげく5日目には、

「あたし、今日と明日は法事があるから休むね」

とか言って出て行っちゃって、〝部活〟じゃねーんだからよ――！　こういう時こそパオラに「ノー！」と言ってもらいたかったけれど、パオラは黙っていた。ノ――――ッ！（↑心の中で淋しく）

エントンセス（とにかく）害虫問題

勤務7日目。

ホセ・イグナシオが外出から帰ってくると、

「今日からもうひとり、オスピタレーラがあなたたちの仲間に加わります」

と言った。

紹介された転校生は、ひとつ前のアルベルゲ、グラニョンを去る時に私が仕事を引き継いだイタリア人のキアラだった。長身のローマ美人（36）。

「キアラ、ど――したの？」

1週間ぶりに会うキアラに挨拶ハグをしようとしたら、ノンノンと後ずさりされた。よく見るとただごとではない様子。目のまわりがひどく腫れていて、首にも赤い斑点がポツポツとあり、全身かきむしったあとがさらに腫れていた。いまにも泣き出しそうなキアラ。

「も――う最悪。トモコたちが出ていった時、グラニョンのアルベルゲの害虫駆除機が壊れちゃって、修理に出してたじゃない？　そのせいで、あの時からダニと南京虫が徐々に発生していたのよ。おとといの夜、宿泊者ほぼ全員が被害にあっちゃって、私もこの通り。それで急きょ、アルベルゲは昨日から閉鎖。オスピタレーロの私たちも解散。私は10日後にイタリアへ帰るチケットしかなくて行き場もないから、ホセ・イグナシオが私を引き取ってここに連れてきてくれたの」

半信半疑でやっていた、あの『ゴースト・バスターズ』みたいな害虫駆除にもしっかり意味があったんだといまさら納得。

「そういうわけでエントンセス（とにかく）、彼女には少し休んでもらって、回復したらここを手伝ってもらうことにしましたから。スタッフルームはまだ空きがありますよね？」

そこでまた部屋割問題発生。いや、問題なんてどこにもない。オスピタレーロ用の部屋は2部屋、人数は4人に増えた。ならばいま、ジャイ子が独占しているツインの部屋にキアラが入ればいいだけの話じゃないか。ジャイ子の個室独占時代、終了――――ッ！

しかしジャイ子は、私とパオラにだけ言ってきた。それも小声で。

「キアラには悪いけど、あたし、あんなに虫に刺されている状態の彼女と同じ部屋で寝るのは無理。トモコかパオラのどっちかが、あたしの部屋に移ってきて、どっちかがキアラとシェアしてよー」

え、え、えええええ――――っ、えええええ――――！！？？？　自分が「無理」だと思うことを他人に押し付けるのは気がとがめないんかい？

私とパオラはまた開いた口がふさがらなかった。あんぐり！

そしてその〝あんぐり〟はまだ続いた。夜、ホセ・イグナシオはさらなるお達し事項を私たちに告げたのだ。

「閉鎖中のグラニョンのアルベルゲは、全館消毒をすませて明日からまたオープンすることになりました。だけど、急なことでオスピタレーロの手配が間に合わないから誰かいないかと言われましてね。それでもし、トモコがかまわなければ、グラニョンへ戻って、残りの1週間は向こうを手伝ってもらえないだろうか。もちろん無理にとは言わないけど、こないだまであそこにいたあなたなら全部分かってるから、手伝ってもらえたらすごく助かるんだ」

え――――っ！

もう、このアルベルゲでは、驚くことばかりで「え――――！」の歌をCD化して常に流していたいぐらいだよ。

翌日、ホセ・イグナシオの車に乗せられて、グラニョンへ連れていかれた。だって人が足りないと言われて指名までされたら、行くしかないっしょ。しかしなじみの階段を上がって、最後の晩餐ルームに到着してみると……。

し――――――ん。

あれ、ここアルベルゲ？　そう思うほど静かだった。こないだまで70人を超えるペレグリーノでにぎわっていた館に、たったの10人しかいなかった。あの鹿鳴館の日々は遠い夢か幻か……。

〝グラニョン＝害虫で閉鎖〟の情報は一気に広まったものの、〝今日から再オープン〟の情報はまだまわりきっていなかったらしい。しかしそれにしても、晩餐はひっそりとしすぎていた。まるで食事中の私語が禁止されている刑務所か、おっかないシスターがいる修道院みたいに。

かたわらにはオスピタレーロが3人いて、静かなテーブルを見守っていた。そこに笑顔はなし。

……っていうか、あれ？　オスピタレーロ、ちゃんと3人揃ってるの？　揃わないから私が呼ばれたんだよね？？？

どうやら急なことで、「オスピタレーロが無事に3人揃ったから、もうヘルプはいりません」という連絡も、私たちが出発するまでに届かなかったようだ。ダブルブッキング、そして連絡ミス。言うまでもなく、私たちは退散することになった。

帰りの車の中でホセ・イグナシオは、カリカリしていた。グラニョンの新しいオスピタレーロたちの無愛想さは何なんだ、あの暗いディナーは何なんだと指摘した。私もまったくもって、同感だった。

「もし彼らに助けが必要だったとしてもね、私はあんな人たちのところに、大事なあなたを送り込むわけにいきませんよ！」

ホセ・イグナシオはハンドルを握りながら言った。私は前方に広がるブドウ畑を眺めていた。

「大事なあなた」。いま彼、そう言ったよね？

スペイン語初心者の私は、まだあまり彼と直接話したことはない。でもその言葉は胸にやさしく、ぽわ――っと染み入った。まるで奉公に出されそうになった子供が「やっぱりうちの子は手放せない」と親に抱きしめられたみたいに。

父ちゃ――――ん！

ふたたびログローニョに戻ると、ディナーを終えたみんなが事情をきいて、「やった、トモコが帰ってきた。おかえり！」と言って迎えてくれた。

よかった、よかった。みんなの笑顔にも抱きしめてもらったような気持ち。いまの自分の家はここなんだ。マイ・スウィート・ホーム。

チュニジア、行くの行かねーの問題

しかし月末にはこのアルベルゲどころか、もうすぐスペインからも出なければならなかった。90日間のシェンゲン圏の滞在期限が切れたあと、今度はどこへ行ったらよいものか。

あー、シェンゲン、シェンゲン、いつも頭を悩ますニクきシェンゲン問題。

今回は行ったことのないチュニジアが、スペインから1万円内で飛べることが分かって自分の中で候補にあがっていた。

ただ、チュニジアは前年２０１５年に外国人観光客が襲われる乱射テロ事件があったから、家族が心配するんじゃないか、という点がひっかかった。事件からもう1年以上がたっていて、調べてみると、「いまはいたって平和」という旅人情報がたくさん出てくる。

こういう時はどうすればいいんだろう。みんなにきいてみたらジャイ子からこんな意見が返ってきた。

「家族や友人も大事だけど、まずトモコ、あなた自身がどこに行って何をしたいかを尊重するべきじゃない？　あなた、人のこと考えすぎよ。人よりも自分第一。チュニジア、最高じゃない。イラクやシリアに行くって言ってるわけじゃないんだし、家族だって、あなたが無謀な決断なんかしないことは分かって、信じてくれてるんでしょう？　これでチュニジア行きをあきらめて、だらだらとバルセロナにでもいてスリにでもあっちゃったら、そっちのほうがよっぽどみじめよ。人生は短いの、このチャンスを生かして、ぜひ行くべきよ」

あははは。「人よりも自分第一」ですよね、ジャイ子さん！

しかしいまはそんな彼女の「家族なら信じてくれている」「チャンス」という言葉に乗っかりたい気分だった。さすが本職が心理学者なだけあって（前同僚パコと同じく！）、人をその気にさせるスピーチがうまいわ。

「それからこれはあくまでも私の印象なんだけど、一度大きなテロがあった都市って、その後しばらくは狙われなくない？」

なるほどねー。それも単純に感心していたら、

「ノ——————ッ！　そんな無責任な！」

と、パオラからビッグな「ノー」が入った。しかし、気になる点はありつつもほかに行くあてても思いつかず、バルセロナ発チュニス行きのチケットを買った。

「あの時あっちに行ってたら、こうはならなかった」「あの時あそこに寄っていなかったら、出会っていなかった」……あとでそう検証してみたくなるぐらいのすごい偶然や出会いが、人生には何回かあると思う。でも歳をとるにつれて、もう、どっちに行こうが転ろうが、会うべき人には会うし、来るべきものは来るんじゃないか、っていう気もしてきたよ。

秘密の通路と古い道

ホセ・イグナシオはその日も大きな声で説明した。

ディナーのあとの、集会の説明。

「いいですか、後ろも聞こえるかな？　このあと、教会で詩の朗読とお祈りの会をやります。場所はアルベルゲではなく教会の奥にある聖歌隊席。といっても外に出て、教会の正面入口から入る必要はありませんからね。実はこのアルベルゲと教会はつながっていて、秘密の通路があるのでそこを通って行きます。通路へは私たちが案内しますので、はぐれないように」

　教会の裏通路は確かに、毎晩通っている私たちでさえ間違えるほど複雑だったから、彼は念入りに説明した。

「実は去年、あるひとりのオスピタレーラがこの通路に入り込んで迷ってしまって。引き返した時にはどこのドアもカギがかかっていて、アルベルゲへ戻ってこれなくなってしまった。通路に閉じ込められてしまったんです。それで仕方がないから、彼女はぐんぐんと鐘がある塔までのぼっていって、なんと塔の上で一夜を明かしたというんですよ。幸い、翌朝、無事に地上に降りてこられて脱出できましたがね。それ以来、彼女はこのアルベルゲでオスピタレーラとして働いてくれているんです。いま、あそこでニコニコ笑っている日本人のトモコさんがそう！」

　……えっ？

　ボーッと話をきいていた私はビクッと顔を上げた。ご丁寧に神学生のウィルソンが、すべて英語に訳して伝えると、30秒後にまた笑いが起こってみんなが私の顔をのぞき込んだり私の肩をたたいたりした。

やるな、ホセ・イグナシオ！　彼のユーモアのセンスには、日々感心させられた。その、ちょっと近寄りがたいドンの雰囲気とのギャップがまたいい。

みんなで秘密の通路を歩いていると、オーストリア人のまじめそうな青年から話しかけられた。

「鐘塔の上で一晩明かしたなんて、大変でしたね！」

「あはは。でも、夏で寒くはなかったから大丈夫でしたよ。おかげさまで！」

ジョークを真に受けてしまった彼には、私もシラッと真顔ジョークで対応♪

ホセ・イグナシオの指揮のもと、ひとつの詩を、異なる言語でつなげていく朗読会。

その日、私を含む英語チームが朗読した詩の一節はこうだった。

【カミーノの途中で、足を止めてあたりを見回し、古い道にたずねてみなさい。

次はどの道がよいですかと。

その答えに従うと、あなたの魂の休息を得るでしょう】

「古い道にたずねてみなさい」？？？

古い道、というのは自分が歩いて来た道のことだろうか。それとも歴史ある道という意味だろうか。そんなことをあれこれ考える静寂のひととき……。

そして朗読が終わると、ホセ・イグナシオはいつもこんな言葉でしめくくった。

「人生は旅、カミーノ・デ・サンティアゴは人生における道の下見です。道の上で人は苦難を経験できる。そしてそれを克服することもできる。カミーノの目的は冒険でも、いろいろな興味深い名所を訪問することでもありません。それらの場所で神に出会うこと。神に出会えるからこそ、道が険しくても前進しようと思えるんです。ゴールで待つイエスはすべての巡礼者を励ましています。ブエン・カミーノ！」

神に出会うために、人は歩く？　だとしたら、無宗教の自分はいままで何のために歩いてきたんだろうか。

歩けば何かが変わる、自分が変わる、終わる、始まる、前へ進めばきっと明日こそ……。そんな道の先への、夢とか希望じゃないだろうか。それから、自然の中を歩くことそのもののヨロコビ？　そんな思いにふけっていると、時々どうしようもなくカミーノを歩いてみたい衝動にかられた。


ジャイ子様ありがとう！

「アーメン！」

その日も、夕食の準備はホセ・イグナシオが現れるギリギリ直前に整って、何とか時間通りに始まった。「ウルトレイア」の歌は、そんな激務に対する「おつかれ」ソングにもきこえてくるようになってきた滞在後半。

そこで突然、部屋の照明が消えた。あれ、ブレーカーが落ちた？

すると部屋の入口に、フィリピン人の神学生のウィルソンが、ろうそくに火が灯されたケーキを持って立っていた。

「おいおい、ちょっと待ってくれよー」

私は嬉しすぎて、上島竜兵みたいにデレデレ照れるしかなかった。それを見てまわりのペレグリーノたちは私の誕生日なのだと納得し、ニコニコと見守ってくれている。そしてみんなの手にパチパチと燃える花火が配られると、70人ものペレグリーノによるハッピーバースデーの大合唱。ありがとう、ありがとう！

パオラによると、お祭り好きなジャイ子がやる気まんまんで仕切ってくれたらしい。翌日には神学生ふたりが、ひとりでのぼるのは難しい（帰ってこれない！）といわれている、この教会の高い鐘の塔の上に連れて行ってくれた。塔のてっぺんを目指す午後の探検旅行に、ゾロ目44歳、感動。

そしてさらにその翌日、奇跡が起こった。

「パオラ、トモコ、あたしの分は掃除終わったけど、あとどこが残ってる？」

ジャイ子様がついにそう声をかけてきたのだ。

「おぉぉ――――！」

私とパオラは声には出さなかったけれど微笑みで感動を分かち合った。これも私とパオラが日々、「まだ手伝うとこある？」ときこえよがしに声をかけ合ってきた努力の賜物だ。やればできるじゃん、私たち。そしてジャイ子。

ジャイ子は私と一緒にホールのホウキがけをやってくれた。彼女が聴いているサルサに合わせて、テキトーに歌ったり踊ったりしていると、ジャイ子も乗ってきた。ホウキをスタンドマイクがわりにして歌うのは、料理中にお玉をマイクがわりにして歌うのと同じぐらいに気持ちがいい。ホウキを蹴り上げて1回転させたり、エアギターみたいにしてみたり。ホステルボランティアの何が楽しいって、こうやって時々、小中学時代の掃除時間に戻れることだ。

「あはは、トモコ、あんた、疲れすぎて壊れてきたね」

ジャイ子は私のオリジナルなバカ踊りを見て、ダンス指導をしてくれた。

鐘台の上までのぼって降りる時のパオラ。「ノ――ッ！　あんたたち早く降りて！　夕食の支度に間に合わないでしょ！」

巡礼手帳にスタンプを押す仕事は、ベルタさんのお気に入り（やりたがる!!）

サルサのうまい彼女のリードで、ふたりで円を描いてまわったり、ペアダンスのように手をとり合ったりしてステップを踏む。ウノ（1）、ドス（2）、トレス（3）、ウノ（1）、ドス（2）、トレス（3）……。

それはジャイ子との和解ダンスのようだった。べつにケンカしたわけじゃないし、無理やり近づいたわけでもないけれど、そうやって一緒に踊って歌っていると何となく「ジャイ子、いままでジャイ子とか言ってごめんね」的なやさしい気持ちになってきた。パオラはニコニコ笑って私たちのサボリダンスをビデオに撮っていた。

早く掃除しろよ、オスピタレーロ！（天の声）

マルコ・MARCO

「何か僕にも仕事を下さ——い！」

最終日に嬉しい声。

マルコというイタリア人とイギリス人のハーフの男子がその日はよく手伝ってくれた。

彼は〝フランス人の道〟に沿って歩きながらも、面白い人やアイディアを見つけたら公式ルートを無視してそっちに進むという、オリジナルなカミーノを展開していた。〝フランス人の道〟から〝北の道〟に移動したり、道をはずれて無料のヨガコースに参加したり。ヒッチハイクや野宿もしていて、サンティアゴに近づいたかと思ったら大型トラックに便乗して大きく逆戻りもしていた。カミーノ・デ・サンティアゴといえば、イコール「さぁ、一直線！」みたいな感覚に陥りがちだけど、こんな自由なカミーノもアリなのね。

そんな彼は、私の旅人生経験や、なぜここでボランティアをしているのかなどに興味を持ったようで、皿を拭きながら私にあれこれ質問してきた。

「トモコ、あなたの人生って面白い。僕もあなたみたいに生きたいな」

フェイスブックでも交換しようということになり、彼は皿拭きを終えるとキッチンの隅のテーブルに座って連絡先を書いて持ってきてくれた。小さく折りたたまれたその紙切れを開けてみると、連絡先のほかにひとことメッセージが書かれていた。

【ブエン・カミーノ！

トモコ、you are so sweet! ☺】

きゃっ、きゃっ、きゃ――――――ッ！　このおれがスウィートだと？

〝so sweet＝なんてかわいらしい〟と訳すよ、おれは。そのたったひとことが嬉しくて、ただの子供としか思っていなかったマルコをとたんに意識しまくり。

スッとしたマルコの鼻筋と上品な口元はイギリス人だけれど、そこに加わったりりしい眉毛と少したれ下がった目じりはまぎれもなくイタリア人のそれではないか。男前な中にもほどよく注入されている甘さとユルさ。うん、ユー、いいね、いいよ、マルコ！

マルコ〜〜〜ッ。

文字通り彼に「ポーッ」となっていると、横からジャイ子のダミ声がしてはっと我に返った。

「おい、ペレグリーノ、マルコ！　あんた、トモコの歳知ってんの？　ってか、あんたっていくつなの？　21？　あはは、あはは、じゃあお母さんは？　46？　あはは、トモコきいた？　マルコ、トモコはやめときな。彼女はおととい44になったんだよ、44！」

ジャイ子は私たちのあいだに割り込み、マルコにそう言い放ったのだ、まわりのみんなにも聞こえるでかい声で。「44」を2回も言った。

とたんにマルコが「えっ？」と驚いて少し引いたのが分かった。そして恥ずかしそうな顔をした。「トモコはやめときな」って、べつに始めたつもりもなかっただろうに。そして私がそこまで歳だとも思わなかったのだろうが、こっちもマルコがそこまで若いとは思わなかったから3歩ぐらい引いた。あ――――っ（ズルズル崩壊）。

とはいえ、年齢が発覚するまでの30分、いや、1時間ぐらいの私とマルコのふわふわしたスウィートな時間をとことん引き裂いたジャイ子というスーパーサイヤ人が腹の底から憎らしかった。自分だって44のくせにさ。この、ブタゴリラ——ッ！

翌朝、朝食の仕事が終わると私たちオスピタレーロは解散した。

ジャイ子はタクシーに乗り込む時、「チュニジアでイイ男見つけなよ、グッド・ラック！」と言ってウィンクをした。パオラは「チュニジアで少しでも危険を感じたらすぐ出ること。気をつけてね！」と言って胸の前で十字を切った。愛すべき同僚たちよ、グラシアス、グアパス、エントンセス！（いい女たち、ありがとう、とにかく！）

ふたりが出て行ってひとりになり、午前9時をすぎてもまだもたもたしているペレグリーノがいると思ったらマルコだった。あれ？

私が「チュニジア行きまで数日あるから、今日はこの町のホテルに泊まるよ」と言うと、マルコは「僕は急がないから」と言って宿探しについてきた（あれれ、やっぱりおれのことが好きなのか？）。

旧市街の中に宿を見つけて荷物を置くと、今度は私がそんなマルコのカミーノに少しだけ付き合うことにしたよ、エヘヘ……。

「ヒッチハイクをする時は、真っ白いTシャツに、マジックで行き先とタヌキの絵を描いてそれを着るんだ」

マルコはそう言ってそのTシャツを見せてくれた。バックパックに突っ込まれている小さなウクレレは、時々海で弾くんだそうだ。加山雄三か！

「ちょっとカッコつけて弾くんだ。下手だけどね」

彼は白い歯を見せて笑った。きゃ――（きゃ――が多い）、やっぱ加山雄三よりかっこええ。なんか、『ちびまる子ちゃん』に出てくるカッコイイ男子みたいなキラキラオーラがあるよ、この子には。

「毎日本当に行き当たりばったりなの？　たとえば最終的な行き先っていうか、今日はこの教会で寝てみようとかは、どうやって決めるの？」

「それは……直感に従ってるだけさ」

直感、ねぇ……。

「トモコはチュニジア行きがせまってるのに、まだ迷いがあるんだろ？」

図星だった。さっきの質問は、自分のチュニジア行きをイメージしながらきいたんだよ。

「そうなんだ。迷いがあるなら、いったん全部忘れてみてごらんよ。ごちゃごちゃしたゴミ箱の中を一斉消去して、心の中を真っ白にするんだ」

「ウィンドウズのゴミ箱みたいに!?」

「マックでもいいよ、あは。そして心の中が真っ白になったあとに、ポンと浮かんでくるのが直感だと僕は思っているんだ。それが本当の、心の奥の、奥の声。耳をすまして、じっとその声をきいてごらんよ」

【今日のメモ】マルコもややスピ♡

実のところ、マルコのカミーノ話をきいた昨日の夕方から、自分の中に新たな道がはっきりと浮かび上がってきているのを感じていた。

「マルコ、この町で3日休んだら、私もカミーノを歩くわ。チュニジア行き、やめる！」

そう言いきった自分に少し驚いた。

え、チュニジア行き、本当にやめるの？　チケット捨ててもいいの？

しかし本当に、チケットを捨ててカミーノを歩こうとこの時、最終決定した。

実はこの数日間、うっすらとイメージしていたのだ。2週間程度でサンティアゴまで歩ききれる300キロ程度の山のコース、〝カミーノ・プリミティボ（原人の道）〟なら時間的に許されるんじゃないかと。そのあとの行き先は分からないけど、歩きながら決めればいいさ。

集会で朗読した詩の中に、「行き先は古い道にきく」っていう言葉があったけど、古い道っていうのは、いま自分が立っている場所や自分の近くにいる人のことでもあるんじゃないだろうか。

マルコは私の決断を祝福してくれた。

「オスピタレーラ・トモコ、おめでとう！　キミの選択が、僕も自分のことのように嬉しいよ。きっといいカミーノになる」

マルコとはもちろん別れたくなかった、ホントのところ。このまま町を出て、夕方までマルコと一緒にカミーノを歩けたらどんなにいいだろうか。川で泳いだり、昼寝したりしながらゆっくりと進むのだ。いいよなー、そんな夢みたいなことができたら！

でも30分ぐらいカミーノを歩いていくと、背の高いマンションが少なくなって町が終わりに近づいてきてしまった。

「じゃあ、私はこのへんで引き返すわ。お互いに、ブエン・カミーノ！」

私たちはハグをし合って別れた。

もう、ふりむかない、ふりむかない。「マルコ――、行かないで―――ッ！」と心の中ではハンカチをかみしめていたけどね。もう自分の道は決まったんだから、あとは元気に行くよ。

やった、これで久しぶりにペレグリーノに戻れる。

キャリー付きの大荷物は、サンティアゴ・デ・コンポステーラのアルベルゲにでも送って、小ぶりのモチーラを手に入れなきゃ。身軽になってじゃんじゃん歩いてやるぞ。そうだ、今日はひとりで前夜祭でもやろう。今日こそバル街で、串に刺さってうねした、なんちゃらハムとか食べてやる――っ！

ウルトレイア、もっと遠くへ。

◇　◇　◇

〝魂の休息〟報告

『カミーノ・プリミティボを歩いてみたら……』

「ブエン・カミーノ！」

とペレグリーノたちに言い続けた2回目の夏。

2016年9月、3つのアルベルゲでのボランティアを終えた私は、チュニジアへ行く予定を変更して、ペレグリーノになっていた。

歩いたのは〝カミーノ・プリミティボ（原人の道）〟という、山歩きが中心となるルート。数あるカミーノの中ではマイナーなほうかもしれないけれど、山好きのあいだでは「カミーノで最も美しい」と知られている道で、前々から気になっていたんだよね。

スペインの北部、アストリア州の古都オビエドからスタートして、サンティアゴ・デ・コンポステーラまでの314キロの道のりで、経験者たちによると「山越えがハード」「ほとんどトレッキングのようなもの」「平均年齢が高い」「でも一度は歩くべき絶景ルート」などなど。

その道を実際に歩いてみると、すべてが話にきいていた通りだった。

道は毎日が上るか下るかだったけれど、ハイライトの山越えでは、長い山の尾根を歩きながらいくつもの神秘的な風景を目にしたし、天空をさまよっているかのような感動も味わえた。

おっと、前置きが長くなった。

とにかく2週間でその道を歩き終えると、そのまま歩き続けてサンティアゴ・デ・コンポステーラから最果ての地、ムシーアへ向かった。

カミーノはなんといってもサンティアゴを抜けてからの、ペレグリーノがグッと少なくなる静寂の道が素晴らしい。カミーノの終着地としては、太古の昔に「世界最西端」だと信じられていたフィニステーラ岬が有名だけれど、今回はフィニステーラから30キロ北に位置する小さな町ムシーアを選んだ。

ムシーアはひっそりとした海の町で、海に突き出た岩の上に、マリア様が舟で現れたと伝えられる舟の聖母教会があるところ。「最果て」というのなら、観光客の多いフィニステーラよりもムシーアのほうがしっくりくると、〝北の道〟を歩いた時に実感した。

その最終地ムシーアに到着する予定だった日。朝早めに出発して、32キロを歩ききればゴールに着ける計算だった。

昼時に通過した村のバルでランチを食べていると、店のセニョーラがたずねてきた。

「今日はこのすぐ先にある、無料のアルベルゲに泊まるのかい？」

チェックしてきたカミーノのサイトにそんな情報はなかったからふいをつかれた。

「え、ここにアルベルゲなんかあるんですか？　タダなんですかそのアルベルゲ？」

オスピタレーロをやっていた時は、ペレグリーノが「無料のアルベルゲ」という言い方をするたびに、

「無料じゃねーよ、寄付制！」

ってすごい勢いで訂正していたくせに、あっさり「無料」に食いついていた〝元〟オスピタレーラ。

「無料っていうか、寄付制だと思うけどね（↑セニョーラも言い直す）。あそこはもともと廃墟の修道院だったんだよ。それを面倒見るって人が何年か前に現れて、いまは外国人たちが住んで、広い敷地内の畑で野菜を作ったり動物を飼ったりして生活しているみたい。その一環でペレグリーノも受け入れているんだよ」

この情報をもらって、休憩がてらそのサン・マルティーニョ・デ・オゾンという場所に立ち寄ってみた。

自給自足コミュニティ

のどかな農村地帯。門にかけられた手作りの木彫りの看板にはセニョーラにきいていた通りに「修道院」の文字があった。

敷地内に入っていくと、庭先に、ペレグリーノのためのフルーツ・バスケットや寄付金箱が置かれている。

大きな木造の建物の中へ入って「すいませ――ん、トイレをお借りできますか？」と声をかけてみると、ひょろっと背が高くてカーリーヘアの、いかにもイタリア人顔の青年が出てきた。建物に興味を示すと「よかったら案内しますよ」と言って、そのジャンルカという青年が館内を案内してくれた。

古い2階建ての屋敷はうまく改造してあって、広々としたサロンやシャワー室、キッチン、寝室、パソコン・オーディオルームなどが完備されていた。農業もやるけれどデジルもOKだぜ、的な若い雰囲気が感じられる。インド綿の布を使ったデコレーションが多いのも気になるけど、ソフトにヒッピーも入ってるのかしら？

青年は、いまここには自分を含めたイタリア人、ドイツ人、スペイン人、フランス人、イスラエル人など10人が住んでいるのだと教えてくれた。

サッとひやかしてトイレだけ借りて出ていこうと思っていたんだけれど、その時突然、空が真っ暗になって急に雨が降り出した。ボーッと眺めていたら、雨はどんどん激しくなってきてとても歩ける状態ではないどしゃ降りに。ただの夕立ちかと思いきや、雨は30分待ってもやむ様子がなかった。

「ごめんなさい。やっぱり今日、ここに1泊させてもらえますか？」

その日のゴールはあきらめて、明日ゆっくりゴールインすることにした。

夕方。キッチンでハーブティーと自家製のケーキをもらっていると声をかけられた。

「トモコ――――ッ！」

振り返ると、知っている男が立っていた。いや、知っているも何も、この夏、行方不明になっていたあのジュリアンが立っていたのだ。

「……ジュリアン！」

呼ぶ前の1秒間、息が止まった。それからふたりで、

「ギャ――――――ッ！」

「ウォ――――――ッ！」

言葉にならない声をあげて抱き合った。ワーキャー言いながら心の中で「すげーすげー、この夏ずっと話題になってたジュリアンじゃん」と、なんか有名人にでも会っているようなミーハー気分。

「なんであんたがここにいるのよ、ジュリアン！」

「いま帰ってきたら、ジャンルカが、トモコっていう名前の日本人のペリグリーナがひとりで来てるって言うんだ。カミーノで日本人のトモコっていったら、キミしかいないだろうと思って。やっぱりそうだったね」

「いやーーー、なんで会うかねーこんなとこで。ねぇ、今日、あたしここに泊まる予定なかったんだよ。突然雨が降り出したから泊まることにしたの」

14か月ぶりに見るジュリアンは、雰囲気が少し変わっていた。さっぱりしたショートヘアだったのに、坂本龍馬ぐらいの長いポニーテールを垂らして、口ヒゲもいっぱい生やしていてなんだかワイルドになっている。体は相変わらず華奢《きゃしゃ》で、体重は私よりも軽そうだったけれど。

ジュリアンは、5月にソフィアのアルベルゲを出てから本当にカミーノを歩いたと言った。〝北の道〟を歩いて途中から内陸へ方向転換して、私と同じように〝カミーノ・プリミティボ〟を歩いてここにたどりついた。その日から今日まで4か月半、ここで無農薬の野菜を作ったり、家畜の世話をしたりしているそうだ。お金はもらえないけれど自然にも囲まれて、話し相手にも不自由せず居心地がいいらしい。

「ここはべつに宗教的なコミュニティとかでも、あやしいヒッピー系でもないよ。純粋に自給自足の生活を好むやつらの集まりなんだ。手伝いさえすれば誰でも受け入れてもらえる。2週間で出ていく人もいるし、何年も住んでいる人もいるし。地元との交流もさかんで、ここの住人たちで、近隣の村の教会をまわって音楽を演奏したりコーラスに参加したりもしているんだよ」

「へーぇ。ところでジュリアン、あんたスペイン語がうまくなったね」

ほめたつもりだったのに、ジュリアンは照れて英語に切り替えた。なんか、変わってないな、そーゆーとこ。

「夏はペレグリーノが多かったから、ここでも僕、オスピタレーロみたいなことやってたんだよ。〝泥がついたお靴であがっちゃダメダメー！〟って」

あ――ははは。懐かしのジュリアン節が愛しかった。あの、ふたりで大勢のペレグリーノをさばいていた日々……。

「トモコのモチーラ、まだ持ってるよ。使うならあげるけど？」

「あはは、いらねーよ！」

それでもジュリアンは自分の部屋のドアを開けて、ベッドの下にあるモチーラを見せてくれた。そのお返しに、誰にも言えないでいた1年前の〝ローラ弁当バスに置き忘れ事件〟を告白した私。

ディナーは、採れたての野菜をふんだんに使ったスープやサラダでどれもおいしかった。

ただ、食事の前に、私をのぞいたここの住人全員がいきなり立ち上がって手をつないで輪になり、手を上下にふりながら「さぁ食べよう」みたいな歌を幼稚園児みたいに歌い出した時だけはコミュニティっぽくてちょっと引いたけど。

「ジュリアン、あんたね、どんだけみんなが心配してると思ってんの？　お願いだからソフィアの家に連絡して。電話ぐらい借りてできるでしょう？」

そこでようやく、本題をジュリアンに切り出した。再会の瞬間からだいぶ時間がたっていた。

「わかったよ、連絡するよ」

……しないんだろうな、きっと。

そんな気がしたけどそれ以上、言ったって意味がないだろう。「フランスの両親にも、子供のお母さんにも連絡して」とも言いたかったけれど、ジュリアンの両親が彼を探しにわざわざスペインまで来たことは、どうしても言い出せなかった。すぐにソフィアの家に連絡することもできたけれど、なんか密告みたいでそれもできなかった。

かつての仲間。こんなところで偶然会ったりして、やっぱりいまでも何かフシギな縁を感じてしまう。夕食が終わるとジュリアンはルームメイトのスペイン人の女の子にかかりっきりで、それ以上はあまり話せなかった。考えてみたらアルベルゲにいた時も、ふたりでじっくり話したことはほとんどなかった。靴をはかない裸足のジュリアンを気にしながら、一緒に町まで歩いて飲んだのも1回だけだったし。

1晩じゅう、頭の中がスッキリしなかった。

この偶然の再会には、何か意味はあるんだろうか。9月のドッキリ、運命のいたずら。いや、いたずらなことは何もない。私がこのことを黙っていれば変わることは何もないだろう。すべてはジュリアン次第だ。明日、ムシーアに着いてカミーノを終える、それだけだ。この先、彼とまた会うことはあるのだろうか。

翌朝、出発しようとしたらジュリアンは出かけていて別れの挨拶もできなかった。

1年前、彼に言われた別れの言葉を思い出す。

"I miss you more than you miss me."（淋しくなる。キミが思うより、僕のほうがずっと）

わ――、やっぱカミーノ来てよかったー！
おーい、そこのドイツ女子、もっとゆっくり歩けばー？

information

『アルベルゲ・パロキアル・サンティアゴ・エル・レアル』
ALBERGUE PARROQUIAL SANTIAGO EL REAL

ログローニョ
（リオハ州、スペイン）

宿のタイプ	カミーノ・デ・サンティアゴ “フランス人の道”にある巡礼宿
期間	2016年8月16日～8月31日（16日間）
ベッド数	30ほか、マットレスにて20～30人可
宿泊料	なし。寄付制、朝・夕食付き
おもな仕事	朝食の世話、館内清掃、買い出し、チェックイン、夕食調理、朝食の仕込み
労働時間	6：30～22：30
休日	なし
寝床	オスピタレーロ室を同僚とシェア
食事	食材支給

※表記した宿の情報は筆者が滞在した当時のものです。

第8章

イタリア人のシスター

『カーサ・ディ・ラッツァロ』

2017年7月21日～8月5日（16日間）

イタリア　ラツィオ州
アクアペンデンテ

イタリア巡礼の道〝ヴィア・フランチジェナ〟

スペインのカミーノ・デ・サンティアゴに比べれば知名度はずっと低いものの、イタリアにも、1000年以上も前からカトリック教徒たちが歩いてきた巡礼の道がある。イギリス南東部の町カンタベリーから、イタリア・ローマの聖地ヴァチカンへと続く長――い道、〝ヴィア・フランチジェナ〟。

ざっとその道のりを説明すると、カンタベリー大聖堂からイギリス南部の田舎を抜けてドーバー海峡を渡り、フランスのピカルディやシャンパーニュ地方の田園地帯を通って……って言われてもよく分かんないかもしれないけど、とにかくいくつかの修道院や大聖堂をたずねながら、スイスの山を越えてイタリア半島へ入り、ヴァチカンへ向けてひたすら南下する全長2000キロのコース。

1日20キロペースで歩いたとして、所要日数100日。「マンマ・ミーア！」と言いたくなる距離だけに、通しで歩くペレグリーノは多くはないけれど、イタリアに入ると部分的に歩きに来るイタリア人がちょこちょこと現れる。外国人はスペインのカミーノの経験者か、イタリアのおいしいパスタやチーズにつられてやってくる食いしん坊が多い様子。

オスピタレーラ、今度はイタリアへ

「ブォンジョルノ！（こんにちは）

あのー、今日そちらにうかがう日本人オスピタレーロのトモコです。いま、向かっている途中でして、あと2回電車を乗り換えないといけないんですけど、接続があまりよくないみたいで、到着が少し遅くなりそうなんです」

「なーーーんですって？　あまり遅くに来られても困りますよ。うちは無遠慮に遅く到着するペレグリーノは受け入れないようにしていますし」

「はっ、すいません。なるべく急ぎますので」

ひーーーっ、さっそく怒られた。

このホステルの運営は教会が行っているから、電話に出た担当者の女性はシスターだろう。ちなみにホステルはイタリアでは〝オステッロ〟という言い方が一般的。シスターはイタリア語では「ソレッラ」だけれど、頭の中には子供の頃からなじみのある「シスター」という言葉が浮かんでいた。

子供の頃に見たアニメ『ハウスこども劇場』でも、いままで見てきたイタリア映画の中でも、登場する「シスター」といえば必ず怖い人と相場が決まっていた。電話に出た女性はそのイメージのまんまだけど、一緒にやっていけるだろうか。

田舎駅で電車を待ちながら少しビビッていたら、1本の電話がかかってきた。今度は新しい同僚となるイタリア人のおじさんだった。

「僕ね、今日からあなたと働くオスピタレーロのパスクアレだけどもー。おおー―、はじめまして、よろしくね。シスターから遅れるってきいたけど、大丈夫？　いまどこにいるの？　気をつけておいでよ、なーんにも心配することはないから、急がないで、ゆっくりおいで」

ふー―っ、いいひと、いいひと。イタリア語初心者にも、彼が気さくでやさしい人だということは十分に伝わってきた。

アルバニアでイタリア語特訓だポー！

イタリア語のレベルはまだまだ幼稚園児以下の、「ウン、ポ（ほんの少し）」。

前年の秋に住んでいたアルバニアでイタリア語教室に通ったのがきっかけで、まだスペイン語もあやしいくせに、気がついたら今度はイタリア語勉強中の人になっていた。

アルバニアはアドリア海をはさんでイタリアの向かいにある小さな国。静かな海の町に落ち着いて社交活動の一環としてスペイン語教室にでも通おうと思ったけれど、ギリシャとの国境に近い田舎町で「スペイン語」なんて言っている人は誰もいなかった。かわりに見つかったのがイタリア人（37）の厳しい〝シスター〟が教える、生徒15人のキッズクラス!! 下は9歳から上は15歳まで。どんな言語もそうかもしれないけれど、語学教室の初級クラスというのは、授業の始めにしつこく挨拶の練習をする。

「ブォンジョルノ！ コメ、スタイ？（こんにちは。ご機嫌いかがですか？）」

「スト、ベーネ（元気です）。グラッツィエ（ありがとう）」

先生がこれを全員とやりとりすると、今度はイヤと言うほど年齢確認。

「クレシュニクくん、歳はいくつですか？」

「ぼくは、11歳です」

「ボラちゃん、歳はいくつかな？」

「わたしは、9歳です」

「ではトモコさん、歳はいくつですか？」

「44歳です！（ひとりでウケるおれ）」

こうやって、少しずつイタリア語の基礎を覚えていった。ついでに授業の説明はオール・アルバニア語だったからアルバニア語の返事は「ポー！（はい）」だということも覚えたポー。とりあえず適当に「ポーポー」言ってきいていたポー。3か月間、外ではポーポー言いつつも、家では宿題をやって、イタリア語のラジオをきき流して、自分のイタリアンブームを盛り上げたポー。

そのブームの流れで、

「今年はオスピタレーロをイタリア語バージョンでやってみるのはどうだろう？」

と、久しぶりに新しいチャレンジを思いついて、ここへやってきたのだった。ローマから車で1、2時間ぐらい北上したところにある、アクアペンデンテという町へ。オステッロは町はずれの丘の上にあった。


「よく来てくれました。心配しましたよ」

前任のイタリア人オスピタレーロたちが私のことを紹介すると、シスターは言った。

背筋がピンと伸びていて、はきはきと喋るシスター。想像していた通りに、やっぱりそのへんのおばちゃんとは違う感じだ。私にそれだけ言って一瞬笑顔を向けると、すぐまたイタリア人オスピタレーロたちとの雑談に入っていった。

「ヴァ、ベーネ！（オッケー）　今朝のペレグリーノたちは出発が早くて立派でしたね」

オステッロではみんながみんなイタリア語を喋っていた。前任者も、私の相棒パスクアレもシスターも、自分以外はみんなイタリア人だった。

イタリア語はこの「ヴァ、ベーネ（オッケー）」と接続詞の「アッローラ（さて）」の2語だけで構成されているんじゃないかっていうぐらい、みんな本当にこの言葉をよく使っている。

特にアッローラは、「さて」以外にも、なんとでも解釈ができるからみんな場つなぎ的に口にする。「それで」「だから」「それなら」「じゃあ」「うーむ」「えーっと」……。

シスターは毎朝、ペレグリーノが全員出て行くとやってきて寄付金の報告をした。

「アッローラ（さてと）……」

深いため息をつく。沈黙。

「昨日、ペレグリーノが10人いましたよね。しかし集まった寄付金は90ユーロだけ。なんて残念なことでしょう。夕食も、朝食も出しているのにこの始末」

しら――っ……。どよーん……。

まさか、朝からこんな厳しい営業報告みたいなものがあるとは思いもしなかったから、突然の重いムードに戸惑った。

「もしペンションにでも泊まってレストランへ行ったら、いくらかかると思っているのかしら。子供じゃないんだから、少なくともひとり20ユーロ払うのが礼儀ってものじゃない？」

シスターは神に仕える一方で、この大きな施設の運営を担うビッグ・ボスでもあった。もちろん儲けよりも施設を維持していくことで精一杯なんだろうけども、だったらいっそ寄付制をやめて定額制にすればいいのにと思うほど頭を抱えていた。

でもそこで我が相棒のパスクアレが、シスターの話をいつも上手に変えてくれた。きくところによるとふたりとも同じ63歳だというから、同級生のノリなんだろうか。

「アローラ（ふーん）……。じゃあ今日こそ寄付金がもっと集まることを願いましょうよ。ところでシスター、ここの2匹の猫、エサは僕たちがあげたほうがいいのかな？　白いほう、美人だけど元気がありすぎですよね。ひっかかれちゃった。名前何ていうの？」

「おー――ほほほほ。黒いほうはロミオ、白猫がジュリエットよ。覚えやすいでしょう？」

シスターは猫の話を向けられると、パッと花が咲いたみたいに表情が明るくなった。よく見ると、シスターは「ノーメイクが似合う人」と思うぐらいに肌にハリがあって笑顔がいきいきとしている。広いおでこはキレイなカーブを描いていて、瞳は琥珀色に潤んでいた。

トマト、パスタ、アモーレ！

ここは会社の研修や学校のサマーキャンプに使われている元修道院施設で、数年前からペレグリーノにも開放するようになった。

建物の正面にはサッカー場ぐらいの広い芝生の庭があって、奥には小さな森もある。わきにはご近所さんの手を借りて維持している畑もあって、野菜が採り放題だった。ズッキーニやミニトマトやナス、大きなかぼちゃも採れた。

「わー、こんなおいしいトマトを食べたのはじめて。味が濃い、甘い！」

「あはは、トモコ、そんなに食べたらなくなっちゃうじゃないか」

朝の新鮮な空気を吸いながら、ミニトマトをもいでは食べるシアワセよ。

パスクアレは定年退職したお父さんで、女子力の高い筋肉おじさんとでも言おうか。筋肉マンだけどちっちゃくて親しみやすい。おまけに料理がうまい、庭いじりもうまい、お喋りも、ソーシャルネットワークへの投稿も大好き。小回りが利く働き者で、シスターともうまくやってスペイン語も喋れて、最高のオスピタレーロだった。常に早起きで、「眠い」ばかり言っている私には「いいからちょっと横になっておいで」と言ってくれる。そ

れも、お言葉に甘えやすい感じに♪

ズッキーニとリコッタチーズのパスタ、野菜のリゾット、ケイパーとオリーブのトマトソース。どんな料理にしても、シェフ・パスクアレはオリーブオイルをたっぷりと使った。

「オイルは絶対にケチったらダメ。ケチるとコクが出ないから」

「ぎゃー、そんなにドバドバ入れちゃうんスか！」

対してニンニクの量はほんの少し。これ、本場イタリアと日本人向けのイタリアンレシピとの大きな違い。

料理以外のことでも、気になることはなんでもパスクアレにきけた。

「ねぇ、パスクアレ。シスターって、まさか結婚してるんですか？　しょっちゅう〝うちの夫が〟って言ってるのを耳にするけど」

「ははははは。まさか、シスターが結婚できるわけないじゃないか。夫っていうのはもちろん神様、イエス様のことだよ」

「あ、そっか。でも、師匠とかアモーレとかダーリンじゃなくて〝夫〟って呼ぶんですね」

「もちろん、外ではそうだろうよ。でも家や教会で直接呼びかける時は〝アモーレ〟って呼んでたりしてな、十字架に向かって」

アモーレとは、愛のこと。

「あはは。ところで、パスクアレも奥さんのことはアモーレって呼んでるんですか」

「当たり前じゃないか、トモコアモーレ！」

イタリアでは配偶者や恋人、子供だけでなく、親しい友達や同僚のことも「アモーレ」と呼んだり、名前の後ろにつけたりする。

神にアモーレを捧げたシスターは、97歳になる自分のお母さんを、「この夏1か月間だけだけど」と言って北部からここに呼んで一緒に暮らしていた。

97歳のお母さんは毎朝、私を見ると聖母＝マドンナのようなやさしい笑みを浮かべて「よい1日を！」と言ってくれた。そんな時、横にいるシスターは〝厳しいシスター〟〝神のヨメ〟からひとりの娘っ子の顔に戻っていた。

シスターも、お母さんからは「アモーレ」と呼ばれているんだろうか。

シスターに接近

「トモコ、ちょっと厳しい状況になったよ」

いつもニコニコのパスクアレが珍しく、深刻そうな顔をして言ってきた5日目。

なんでも、団体の予約で1階と2階の全部屋が埋まってしまったから、向こう1週間はペレグリーノを階下の土間のようなところに寝かせてくれとシスターに言われたらしいのだ。シスターの指示通りに5台の折りたたみベッドを通路にセットして、手前に仕切りのカーテンをかけてみたけれど、何ともむなしい光景だった。

かわりにおいしいものを食べてもらおうと思っても、シスターから食費として渡される予算も、あまりにも少なすぎた。10人分の料理を作るのに5ユーロとか。シスターはその夜も、ペレグリーノが予約もせずに遅く来たと言ってプリプリ怒っていた。

シスターにもう少し、予約なしで歩きたいというペレグリーノの気持ちも分かってもらいたい。でも喋れないよ、怖くて。ふたりきりになるといまだにドキドキするし。

「でもいいニュースもあるんだ。トモコ、キミはあと1週間ここにいてもいいことになったよ。シスターに話したらオッケーだって」

このオステッロのボランティアは1週間交代で私たちは2日後には撤収だというのに、行き場がまだ決まっていない。パスクアレがそんな私のために話をつけてくれたというのだ。

「本当？　ありがとうパスクアレ、アモーレ・ミオ！（我が愛しの人よ）」

そうとなれば人見知りなんかしていられなかった。シスターにもお礼を言いに行かなきゃ！

「シスター――――ッ、いま、パスクアレからききました！　私、あと1週間ここに置いてもらえるって!?」

「ええ、もちろんですよトモコ。今日からひとり部屋も空いたから、あなたの部屋にしていいわよ。ゆっくり休みなさいな」

「個室も使っていいんですか？　ご親切に、ありがとうございます、シスター！」

思わずシスターに抱きついて言った。

『赤毛のアン』か！　『小公女セーラ』か！

「おやおや、そんなに喜んじゃって……。きいたわよ、あなた、パスクアレのイビキがひどいからって、いままでオスピタレーロ室じゃなくて、ペレグリーノたちの部屋で寝てたんですって？」

「はい。でもあらかじめ〝僕はひどいイビキかきだ〟ってパスクアレが言ってくれたから、一度も彼のイビキはきかずにすみました」

「おほほほ、それはよかったこと！」

すべてはパスクアレのおかげだった。

彼は私の滞在延長を助けて、最後に私の好物のアーリオ・オーリオ・ペペロンチーノまで作ってくれた。ここで働きながらもしょっちゅう奥さんと電話で喋っていたけれど、ミラノへ帰る時ももちろん奥さんに帰るコールをしていた。

「チャオ、アモーレ。うん、夕方には帰宅できるよ。村のマーケットで地元産のチーズとソーセージを買ったから、今夜はそれを食べようよ。じゃあ、また電話するね、キス!」

うらやましい、超ラブラブ熟年夫婦。

溶ける夏、カルメン2017

2017年8月1日、午後3時。外の気温43度、室内38度。背中が暑い。焼けそうに暑かった。急激な気温の上昇。インドの酷暑を思い出す、茹だりそうな猛暑。時々体に当たる風は熱風そのものだった。

午後4時台、5時台は特にヒートアップしたけれど、ベッドで死んでいることはできないから、一応回廊にある受付デスクに座って、ペレグリーノを待つ態勢で死んでいる。いや、ボエーッと待っているだけでは格好がつかないから、ゲストブックを作り替えたり、

「電気を消してね」のサインを各国語で作ったり、何かしらの内職態勢をとりつくろいながら。

こんなに暑い中、炎天下の中を歩き続けるペレグリーノという生き物が信じられなかった。自殺行為じゃないか。ボーイスカウト、地域のグループ、教会のグループ、ゲイ団体、個人のペレグリーノも増えてきて毎日15人かそれ以上になった。

そしてもっと信じられなかったのはイタリア人の喋りっぷり。イタリア人はお喋り、この古典的なイメージは本当だ。彼らも、シスターも、ペレグリーノも、相変わらずみんながみんな、受付デスクのまわりでネジがはずれたように喋っていた。これは、スペインのアルベルゲとの大きな違いだ。

ペレグリーノたちはチェックインが終わっても水をおかわりし、スイカをかじりながらいつまでも喋っている。立ち上がって靴を靴箱に入れ、「あ、終わるかな」と思いきや、歩き出してもまた振り返って喋り始める。

早よ、スリッパにはきかえろよ！　話、切り上げろよ！　シャワー浴びに行けよ！

トークのあと、ペレグリーノを部屋へ案内する係の私は、いつもセカセカと話が終わるのを待っていた。子供の頃、買い物中に近所のオバちゃんに会うと立ち話が長引く母をニラんでいた時のように。

午後の回廊。シスターは、イタリア人の話し相手がいなくなって静かになると、「アッローラ……（さてと）」と言って、ひざの上に聖書を広げて読み始めた。そんな時にはカタコトで、話しかけてみる。

「シスター、そのシスターの衣装っていうか修道服、暑くないですか？」

ひまつぶしの、なんでも質問コーナー。

「もちろん、暑くてムレムレよ」

「夏用と冬用があるんですか？」

「あるわよ、冬は黒で夏はこのグレーで薄地なの。薄地っていってもいまだって気温38度だからね、あなたが着てる服に比べたらず――っと、暑いわよ」

「その布の量ですもんね。何かハイテク素材の修道服を開発してもらえたらいいのにね。あ、でもご自宅ではもちろん、普通にタンクトップとか着てるんですよね？　髪の毛もすっかりほどいて」

「そりゃそーよ。あなた珍しいことさいてくるわね、おほほほ……」

本当にききたいことなんて、きけやしない。シスターになった動機とか、神への愛についてとか。でも、あとになって懐かしく思い出すのは、こういう何てことのない会話だったりする。

〝修道服インタビュー〟が終わると私は理科の時間の小学生みたいに、温度計を持って回廊をうろうろし、あちこちの気温をチェックして、シスターに報告した。

外の日が当たる部分の気温が46度。アルミの上は50度もあった。

「マンマ・ミーア、シスター、ここで目玉焼きが焼けますよ！」

好きになった男とは、歩け！

新オスピタレーロは、ちっちゃな相棒パスクアレから一気に巨大化した。ダンナさんの身長が１９５センチ、奥さんは１８０センチという50代のビッグカップル。ダンナさんのファブリツィオはイタリア人の警察官で、奥さんのカルメンはバルセロナ出身の、クリッとした大きな黒い瞳に黒髪のショートヘアがよく似合う女性だった。

私とカルメンはまずはじめに、冷蔵庫から缶ビールを出して飲んだ。そしてイタリアのヒットソングにのせて歌ったり踊ったりしながら働いた。夕方になれば気温が落ち着くかと思いきや、西日が直撃するキッチンは蒸し風呂と化していた。キッチンの火力で室内の温度はますます上がり、ビールはすぐに汗となって体から排出される。

毎日、巨大なスイカを切るのが私の仕事。スイカぶった切り道場！　ペレグリーノのデザート用だけれど、切っては食べ、切っては食べた。スイカなんてただの水だ。だんだん汗がスイカ汁になってくるかもしれない。頭がポーッとなるのは、暑いせいなのか、酔いのせいなのか……。

カルメンはトルティーヤに使う卵をフォークで攪拌《かくはん》しながら、でも時々手を止めて話してくれた。カルメンは2年前にファブリツィオと再婚したらしい。

「あたし、全盲者の施設でソーシャルワーカーをやっててね、働きながら息子をほとんどシングルマザーの状態で育てたの。早く別れたから、もちろん離婚後に何人かと付き合ったよ。でも50歳になる手前ぐらいから、〝仕事にも友達にも恵まれて、愛する息子もいるし、もう男なんかいいや〟って域に入ってたの。そんな時よ、ファブリツィオが目の前に現れたのは。あたしたち、〝ハネムーン・カミーノ〟をやったの。夫婦で〝フランス人の道〟８００キロを歩く旅」

スペイン人がトルティーヤを焼くのを見るのが大好きな私は、彼女の手の動きを観察しながら質問した。

「〝ハネミーノ〟やったんだ！　夫婦の絆《きずな》がグッと深まったでしょう？」

「うん、男と一緒に歩くっていいものよ。あたし、誰かと肩を並べて歩きながら喋るのって好きなの。向き合って喋るより、正直になれる。あなたも次にイイ男を見つけたら、一緒に歩いたほうがいいわよ。ところでトモコはもう、結婚はしないの？」

「うーん、私は結婚には向かないタイプだと思うんだよね。まず1か所にとどまる約束なんかできないし、淋しがり屋だけどひとりが好きだし。それにけっこう嫉妬とか束縛もしちゃうし。サイテーでしょ？」

「はは、サイテー！　前の結婚、よく10年近くも続いたね？」

「うん、しつこさもすごいからね私。よく言えば忍耐っていうの？　だから私みたいなタイプは、違う分野に人生の楽しみの比重を置いたほうがいいって分かってるんだけど、いまだにちょこちょこフラレたりしてんの。ははは」

「いいじゃん、いいじゃん、人を好きになるのはいいこと。でも、結婚や恋愛に向いてないだなんて決めつけるのはよくないよ。経験を積んだ分、トモコだってもっといいオトナの女になってるかもしれないんだから」

「あはは、どうかな。トルティーヤ、そろそろフタ開けてみよっか？」

額の汗を、時々Tシャツの袖でぬぐいながらのキッチントーク。

しかーし、こんなふうに運命で結ばれたというこのふたりは、買い物にしてもディナーのメニュー決めにしても、細かいことでよく言い争っていた。「で、結局何作るのよ!」「ブルスケッタ(パンの上に野菜をのせてオーブンで焼いたスナック)でいいだろう!」「えー、それだけじゃ足りない」「でも予算がないんだよ、またパスタか、俺はもうイヤだ!」「スイカを買おう」「またスイカ?」……そんな具合に。

小さなことでイライラしてしまうのは猛暑のせいもあったし、ペレグリーノが増えて、仕事が忙しくなったせいもあった。イタリア語の分からない私は言われたことだけやっていればよかったけれど、夫婦はシスターからの苦情や要望を直接受けて、それに対するストレスもあるようだった。

夫婦ゲンカ

翌朝。掃除のあと、カルメンとファブリツィオの部屋から大きな怒鳴り合いの声が聞こえてきた。かなり派手な夫婦ゲンカだ。さっすがイタリア人とスペイン人のケンカ、声の大きさと激しさがハンパではない。って感心してる場合じゃないけど、それぐらいの沸騰状態。

「バスタ！（終わり）バスタ！　バスタ――――ッ！」

ヒステリックに叫ぶカルメンの声がした。それがファブリツィオをあおるのか、彼もさらに大きな声をあげてギャンギャン吠える。

部屋のドアは開けっ放しだったから丸ぎこえだった。

ふたりのやりとりを聞いてると、遠い昔の自分の夫婦ゲンカを思い出した。


元夫とは、2年半という長い旅も一緒にしたからいろいろな土地、国ごとにバトルの思い出がある。

お互いにひねくれたところがあったから、感情をぶつけ合って、悪いほうに流れると歯止めがきかなかった。しかも毎回、そのケンカの理由というのがおそろしくくだらない。でもその反対に、超くだらないことが、ふたりでいると何十倍もハッピーに思えたこともあった結婚生活。とはいえ、元夫とはぶつかる回数が多すぎて、ミスマッチだと知りながら長くがんばりすぎてしまった。ラストの2年ぐらいはカットしてもよかったと思う。って、当時の自分に言ってやりたいけど、それはそれ、いまはいま。パスクアレと奥さんみたいに、何十年連れ添っても仲のいい夫婦もたくさんいる。激しくぶつかり合っても、それを超える愛情でつながっている夫婦もたくさんいるのだろう。そういう運命の相手をつかまえられる人、そういう関係を築く努力ができる人、結局、運と向き不向きなのかな、ケッコンって。いろいろと条件はあるのかもしれないけれど、結婚は向いている人にとっては素晴らしいものなんだと思う。

長く激しい口論に疲れたのか、ファブリツィオは捨てゼリフをはいて部屋を出ていった。「バタン！」と強くドアを閉めて……（ケンカあるある）。

その音をきいてかけつけると、カルメンは小さなベッドの上に腰をかけて、おいおいと泣いていた。

「トモコ、私、もうここを出ていく。もう疲れた。毎日、ファブリツィオは自分の作りたいものだけ作って、片付けはいつも私たちにやらせて勝手し放題。私たち、こんなに一生懸命働いてるのに、シスターは寄付金の集まりが悪すぎるって、それとなく私たちのせいみたいに言ってくるし。今日だってあたしたち、ペレグリーノとは全然関係ない、どこかの団体が使ったベッドシーツを全部洗って干して、取り換えたわよね、4時間もかけて！」

カルメンは全身にたまったストレスを、汗と涙と鼻水とともにはき出していた。肩をふるわせながら。

それにしてもなんて熱い女なんだカルメン。泣いたり、笑ったり、怒ったり、どれも振り幅が大きくて情熱的。やっぱり闘牛・フラメンコの国で生まれたスペイン人の血ってやつだろうか。

「カルメン、ごめんね、いつもシスターの話し相手を押し付けちゃって。確かにシスターは厳しいもんね。でも彼女も、ひとりでこの大きな屋敷を背負ってて、大変だと思うんだ」

1週間前までは私もカルメンと同じ意見だった。「ペレグリーノの手伝いに来たのにほかの仕事までさせられて」という不満100パーセント。でもシスターを見ているうちに、この人に手を貸せるんだったら内容なんかなんでもいいやと思うようになった。

シスターは町のいくつかの教会のミサに出て、オステッロの予約管理から修繕工事、備品の手配までこなしている。若いペレグリーノたちの外国語に混乱しながらも彼らに寝床を与え、いまは母親の面倒も見ている。厳しくもあるけれど、愛らしい笑顔を見せる人。

「カルメン、団体はもう出て行ったから今日からはペレグリーノだけ。私たちの任務もあと3日で終わりだから楽しもうよ。最後の3日間。ファブリツィオも、カルメンの気持ちを分かってくれてるって」

幸い、夜がふけて気温が涼しくなるにつれカルメンの怒りもおさまってくれた。夫のファブリツィオも態度を改め、いきなりそれまでの倍働き始めた（怒られたあとの子供ある

ある）。午後の受付番も、

「トモコ、昼寝しておいで、僕が見ててあげるから」

とか言って缶ビールと、なんと生ハムメロンまで作って持ってきてくれたよ。

「カルメン、キミも食べるかい、アモーレ？」

夫婦間の「アモーレ」も復活。よかった——！（老婆心）

はじめてのナポリ語

最終日には22人のグループがやってきた。イタリアの南部、ナポリからカミーノを歩きにやってきた、15歳から23歳までのボーイスカウトチーム。

「でた——、ナポリターノ！」

言語かまわず私たちにガンガン喋りかけてくる子供たちを見て、ファブリツィオとカルメンは笑っていた。

「やっぱりナポリの人間はノリが違うな。おとといのシエナのグループとは、うるささが違うだろう？　引率の大人たちも、あのうるささ！」

イタリア人の北と南の人の違いは、このオステッロでよく観察できた。

毎朝ペレグリーノを送り出す時、ミラノやトリノからやってきたペレグリーノは握手をしようと手を出してくる。それに対して、ナポリやシチリアなど南の人たちはいきなりガバッと抱きついてきて、

「グラッツィエ、ベッラ！（ありがとう、美人さん）」

とか言ってくる。


ディナーの時間になると、ナポリ語講座が始まった。

ナポリで話される言葉は方言ではなくて、世界遺産にも登録されている〝ナポリ語〟というひとつの言語だなんて知らなかったよ。イタリア語とはまったく違う単語もあるし、ルールの違いもたくさんあるらしい。

大学生の女の子が説明してくれた。

「イタリア語の男性名詞につく冠詞は〝イル〟でしょう？　英語のＴＨＥ（ザ）みたいなやつ。イル・カフェとか。それがナポリだと〝オー〟になっちゃうの。オー・カフェ（ザ・コーヒー）、オー・ヴィーノ（ザ・ワイン）、オー・マーレ（ザ・海）。それから太陽はイタリア語だとイル・ソーレでしょう？　でもナポリ語だと、どうなるでしょう、はい、

トモコさん？」

「〃オー・ソーレ〃？？？……あ――――っ、『♪オーソーレミーオー』ってあの有名な歌は、ひょっとしてナポリの歌なのね？　わ、わ、わっ、いま気がついた――――！」

「その通りです、ブラバー（「ブラボー」の女性形）、トモコさん！」

と言ってなんだか知らないけど大きな拍手と笑いが起こって、みんなで「♪オー・ソーレ・ミオ（Ó Sole Mio）」の大合唱。ギターを持っている男子が伴奏をつけて、みんなでフルコーラスになった。そしてそのノリのまま、みんなで庭に火の準備をしてキャンプファイアー☆ナポリ・ナイト。

ファブリツィオとカルメンは仲良く肩を組み、30秒おきにキスをしながら、子供たちとはしゃぐ日本人ボランティアの様子を満足そうに眺めていた。

アクアペンデンテ――――ッ！

シスターに2週間のお礼の挨拶をすると、

「あなたみたいなユニークな人を失うなんて、残念でならないわ。私の母も毎朝、あなたと会うのを楽しみにしていたのに。いつでも帰ってきてちょうだい、好きなだけいてくれていいから」

と言われて、

「じゃあ、あと1か月置いてもらえますか？」

と言いそうになった別れの朝。しかし、

「次の町へ行く前に、うちへ泊まっていきなよ」

というカルメンとファブリツィオ夫婦の言葉のほうに甘えさせてもらうことにして、彼らの自宅へ連れて行ってもらうことになった。アドリア海側の、アンコーナという町へ。

灼熱の駐車場。車のドアを開けたファブリツィオは、あまりの暑さに車内に入るのを思いとどまった。そして一歩外に出ると、大の字に立って応援団みたいに両手をふりあげた。

「アクアペンデンテ――――ッ！」

この町の名前だ。

「アクアペンデンテ――――ッ！」

私とカルメンも続けた。それは私たちの〝撤収の儀〟だった。アクアペンデンテでの2週間は、とにかく暑く、そして熱かった。

車に乗り込もうとしたら、シスターがアルベルゲから出てきたのが見えた。あれ、忙しくて外に出てこれないって言ってたから、さっき挨拶はすませたんだけど……。夫婦はもう車に乗り込んで「ありがとう、楽しい滞在になったわ」「キミのおかげだよ」なんて出発のキスを始めている。

ふたりを置いて、彼女のもとへ走って行った。

「シスター────ッ！」

飛びかかる勢いでハグをした。

「よかった、出てきてくれて。シスター、さっき挨拶した時、言い忘れたことがあったんですよ。ここにいるあいだずっと思ってたんですけど、シスター、あなたの笑顔って最高にステキですよ。セイ、モルト、ベッラ！（あなたはとっても美人さん）」

「まぁ、何て嬉しいこと言ってくれるの。さっきも言ったけど、体に気をつけるのよ。ダイエットなんか気にしないでもっと食べなさい。でもお酒の飲みすぎには注意よ」

「ははは、分かりました。シスターもですよ。アルベルゲも大事だけど、ご自分の健康が一番大事。それからお母様はもちろんですけど、〝ダンナ様〟とも仲良くね！」

「ホホホホホ……冗談まで言えるようになったわね。もちろん仲良くするわよ。だからまた私たちのことを見にいらっしゃい。あなたもいい人見つけたら連れてくるのよ！」

来た時はあんなにおっかなかったシスターを、いまはグッと近くに感じていた。そしてキュッと胸をしめつけられるようなこの別れの淋しさ。実在する男に頼らず、神という姿の見えない夫を選んで、お金にもならない副業をたくさん抱えてがんばる彼女を、また応援しに来たいと思った。

「お元気で、ノストラ・ソレッラ！（私たちのシスター）」

「ラ・ドルチェッツァ（スウィートな）、トモコ！」

私たちはまたハグをした（何回ハグしとんねん！）。それもクールなミラノ風ではなく、熱いナポリスタイルでガッチリと。

これって完全に、〝マリラおばさん〟と〝赤毛のアン〟じゃん！

別れはつらかったけれど、そんな『ハウスこども劇場』にも負けない『アクアペンデンテ・アモーレ劇場』の思い出ができたことが嬉しくて、車の後部座席でひとり顔がニヤけるオスピタレーラ・ジャポネーゼ（日本人）。

伴侶はいなくても、2週間、またたくさんの人たちのやさしさに包まれて、よくしてもらったよ、お母さん！

畑一面に咲いたひまわりは、まっすぐ太陽のほうを向いていた。

イギリスからローマまでの2000kmを通しで、ひとりで完歩した最強日本女子ペレグリーノ〝まんちゃん〟！

午後の回廊で、ファブリツィオとシスターの2ショットをパパラッチ!?　気温42度のなか、トークに夢中のシスターちゃん♡

電車で旅立つ私に、カルメンが飛行機ポーズで見送ってくれたよ

information

『カーサ・ディ・ラッツァロ』
CASA DI LAZZARO

アクアペンデンテ
（ラツィオ州、イタリア）

宿のタイプ	巡礼路〝ヴィア・フランチジェナ〟にある巡礼宿
期間	2017年7月21日～8月5日（16日間）
ベッド数	32
宿泊料	なし。寄付制、朝・夕食付き
おもな仕事	朝食の世話、館内清掃、庭の水まき、買い出し、チェックイン、夕食調理、朝食の仕込み
労働時間	6：30～22：30
休日	なし
寝床	オスピタレーロ室を同僚とシェア
食事	食材支給

※表記した宿の情報は筆者が滞在した当時のものです。

第9章

パルマハムも食べないうちに——おら、こんな宿イヤだ！

某宿
2017年8月6日〜8月17日（12日間）

イタリア　エミリア・ロマーニャ州
パルマ

ホステルがあるビルの前に着くと、暗証番号のボタンを押して入口のドアを開けた。エレベーターで4階に上がり、ドアの前に着くとまた暗証番号ボタン。解除して中に入ると、ボスに使うように言われていた男女ミックスの6人用ドミトリー（相部屋）があった。

駅の近くにあるビルの、普通のアパートを使った民間の宿。満室になっても14人という小ぢんまりしたところで、バス・トイレ付の個室がふたつと、この6人用のドミトリーがあるだけだった。レセプション（受付）とか、サロンとかの共有スペースもなくて、本当にただの家みたいな感じ。

午後5時、館内には誰もいなかった。ドミトリーには2段ベッドが3台置かれていて、その中のベッド番号2番を使うように言われている。とりあえず、下段だからいっか。

がら――ん。

し――ん。

ワサップを見ると、宿にはしばらく顔を出せないというオーナーからさっそくメッセージが入っていた。ワサップは、日本でいうLINEみたいな、ソーシャルネットワークアプリだ。オーナーのイタリア人青年とのやりとりは、英語でやっている。

［もう着いた？］

着きましたと返信すると、

［あとで、今朝チェックアウトしたドイツ人が荷物を取りに帰ってくるから、追加の荷物預かり代5ユーロを受け取って保管してもらえるだろうか］

そのあとにボイスメッセージが入って、お金の保管場所を説明していた。

［棚の上に青いカギがあるから、そのカギでまず、いまあなたが立っている後ろのドアを開けて！］

ギョッ！　見上げると天井近くの高いところに監視カメラがあった。電源、入ってんの？

ちなみにオーナーの青年は31歳で本業は弁護士、名前はガブリエレだときいている。ガブリエレ、通称ガビ。

ところでガビ、その指示の前に「ようこそパルマへ。いやー留守中でごめんね」とかのひとことは……ないんだねー。

2017年はイヤー・オブ・イタリアにしようと決めた。巡礼宿はもう体験したから、今度はもう少し自分の時間が持てるところに落ち着いて、イタリア暮らしを体験してみたかった。

そこでボランティア仲介サイト『ワークアウェイ（workaway）』にアカウントを作っ

て登録。イタリア国内のボランティア受け入れ先に片っ端からメールを送って、1日の労働時間がたったの3時間というこの宿から返事をもらって飛びついた。

パルマ！　そう、この宿は一度行ってみたかった美食の町パルマにあったから。パルマハムはもちろん、あの有名なチーズの王様の存在も忘れてはいけない。

パルミジャーノ・レッジャーノ!!　伝統の味、牛がくれた宝物。産地に来たからには、で――っかいかたまりを買って、かじりついてやる！　スパゲティ・トマトソースの上に、ソースが見えなくなるぐらいまですりおろしてやる！

ボスはスマホの中に

夕方になると、同じく今日からここでボランティアとして働くドイツ人の女の子がやってきた。

名前はサラ。短パン、金髪、21歳の学生。夏休みでイタリア旅行中。ホステルで働くのも、ボランティアも、はじめてだって。

「わ――い、ようこそ！　って私もボランティアだけど。はじめまして――――！」

いつものノリでハグしたら、握手の手を出しかけた彼女はぎこちなくハグに対応してくれた。いかにもドイツ人！　でも堅苦しい感じはなくて、おかっぱの金髪を耳にかけるしぐさが知的な、しっかりした感じの女の子だった。

さっそくさぐりを入れてみた。

「あのさ、ボスっていうか私たちの司令塔、ガブリエレとは、あなたももう、たっぷりワサップで話したの？」

「たっぷり？　まぁ、仕事の内容確認とかを何度かやりとりしましたけど」

彼女は私ほど気にはしていない様子だった。

ここに来ることが決まってから、私のスマホには毎日、毎時間、ガブリエレからのワサップが送られてきた。何人とやりとりしているのかは知らないけれど、同じことを何度も何度もきいてくる。それも、応募プロフィールを見ればすべて書いてあるような基本事項。

ガビ（以下ガ）　**［ホステルで働いた経験は？］**

［年齢は？］

［ボランティアの目的は？］

［何語が喋れる？］

到着日時に関しては、都合5回も確認され、本当にトイレや客室の掃除ができるのか、

来てから文句は言わないかなども念を押された。そのうえ、私の返信が少し遅れると、

ガ［あなた、あまりワサップを使っていないようですね。既読後の返信が遅い。あまりオンラインじゃないみたいだ。うちで働いてもらうからには、常にワサップには即答してもらいたいんです］

ときたもんだ。何なの、早くもこの高圧的な感じは！　はじめは、

トモコ（以下ト）［プロフィールにも書いたように［さっきも言いましたが］

と頭につけてまともに返信していたんだけど、途中からバカバカしくなってきてやめた。

「全部、プロフィールに書いてあるから見やがれ―――っ！」

と言いたいのをじっとこらえて、100倍ソフトにして伝えると、

ガ［プロフィールを見ている時間がないんです！　忙しいので！］

だってよ。

なんだとおおお!?!?

ドッと疲れたけれど、説明するしかなかった、自分のために。

ト［あの――、すいません。悪いけど、あなたと同じように、私も忙しいんです。いまはまだ別の巡礼宿でボランティア中なので、こっちの仕事をおろそかにはできない

んです。すでに言ったように、年齢も職歴も経験も目的も、全部プロフィールに書いてありますので見ていただけますでしょうか？　いま、ペレグリーノのチェックイン中なのでこれでオフラインにします」

ガ　するとと時間を置いてからこう返事がきた。（人には即レスを求めるくせに自分は遅い！）

「オッケー！　いま、あなたのプロフィールを見ました。どうか僕のことを悪く思わないで下さい。ただ僕は、仕事に対してはボランティアであっても、プロフェッショナルであってもらいたいんです。過去に困ったボランティアがいたことも慎重になっている理由です。もちろん、僕だってふだんはフレンドリーだし、仕事以外のパーティーなどでは、フツーにはじける男です」

知るか！

来る前からマイナスイメージしかわかなかった、このガブリエレという男には。でもほかに行くあてがなかったんだよね。パルマという町にひかれて、いったんオッケーをもらったローマの宿も断っちゃったし。だからあんまり乗り気じゃないまま、ここでの暮らしは始まったのだよ。

シーツのニオイを……

ガビは、パルマから離れた町にいるとかで、私とサラが働き始めてもなかなかホステルに現れず、すべての仕事をワサップで指令してきた。

朝起きるとまず、

ガ［ブォンジョルノ（おはよう）！　予定通りみんなチェックアウトしたかな？］

などのメッセージが届いている。それに軽く返信すると、今日はどこを掃除してどこのベッドを整えるかの指示。写真や動画で作ったマニュアルがじゃんじゃん送られてきた。掃除機の使い方、ベッドシーツやカバーのセットの仕方、クッションの置き方、シーツの保管場所、マンションのゴミ置き場の場所。でも、ビデオを見ただけじゃ分からないことが多すぎるっつーの！　それに対しての細かい質問をまとめて送ると、

ガ［それはビデオをよく見れば分かるはずだけど？］

と、意地悪な返事がきたりする。

ダブルベッドをセットしながら、ちまちまと手を止めて携帯に食いつくなんてやってられない。どんな色の、どの大きさのベッドカバーを使うとか、その場にパッときける人が

いたら一瞬で解決するのに。

こんな変な〝むじんくん〟宿なんてはじめてだよ。ボランティアを使って人件費を節約する宿は増えてきたけれど、こんな無人教育方法まで取り入れて手間をはぶこうとするなんて、どんだけケチよ！

掃除は午前11時から午後2時までの3時間ときいていたけれど、洗濯に時間がかかって5時間もかかった。10人分のシーツ、上掛け、ピロケース、タオル、マット類。全部を家庭用の小さな洗濯機で洗うには、時短コースでも3、4回はまわさなければならず、エレベーターで屋上と部屋を行ったり来たりして、まるで洗濯専任ボランティアのようだった。

そのことをガビに報告すると、

ガ **［えーーっ！　まさか、全部洗ったんですか？　シーツは全部とりかえなくていいから！］**

という衝撃のひとことが!!　よっぽど重要なのか、電話もかかってきた。

ガ **［あのね、チェックアウトした人のベッドシーツを全部洗っていたら、今日みたいにいくら時間があっても足りないし、電気代も水道代もかかるから、やらないで！　毎日、1枚ずつシーツが汚れていないか見て、ニオイがないかも軽くチェックして、特に汚れがなかったらそのまま使う。上から手でサッとゴミやホコリを払って、シ**

ワをピシッと伸ばしてキレイに張り直すんだ。もちろん客には、そんなことバラさないよ」

えーーーっ！！！　ショックで倒れそうになった。

事前にこのことを知っていたらこの宿には来なかった、絶対に。たとえば巡礼宿では、シーツを毎日洗わないところもある。なぜならほとんどのペレグリーノが、自分の寝袋を使って、シーツには直接触れないから。安い簡易宿では、客もそのことを承知のうえで利用している。だけどこの宿はドミトリーで1泊20ユーロと、ほかの町に比べたら少し高めの料金をとっているんでしょう？　個室はペンション並みの料金でしょう？　それでシーツもかえないって、サギじゃん！

がっかり。がっかり。信じられない、人として、宿として。

さらに最悪なことに、その日ドミトリーに泊まったフランス人のやさしそうな女性客にきかれてしまった。

「あのー、このシーツって、洗濯してあるんですかね？」

ドキッ。

「は、はい、もちろん。うちはアイロンはかけないけど、洗濯はしてありますんでー」

ごめんなさーーい、神様ホトケ様、アッラーの神よ、あたし、ウソついてまーーす！

あぁ、風にはためくシーツになりてーぇ！

彼女の笑顔にアイムソーリーとつぶやいた。マンマ・ミーア……。

こんな宿にもオアシスが

シーツを使いまわすだけでなく、ここは客室もひどすぎた。だいたい、キッチンはひとり暮らしのアパートかっていうぐらいに狭いし、共有スペースがないから、ドミに泊まったお客たちは居場所がない。2段ベッドの上にちょこんと座っているしかないなんて。

男女ミックスの6人部屋での熟睡も難しかった。帰ってくる時間はみんなバラバラでそのたびに目が覚める。夜中に誰かがエアコンの温度を変える、窓を開ける、閉める、扇風機を移動する、また移動する、誰かがトイレに起きる、喋る、つまずく、バタン、バタン……。

でも、そんな寝苦しい夜が終わって朝が来ると、私とサラだけは逃げられる場所があった。私たちだけが自由に出入りできる、10階の屋上テラス。そこはテニスコートが2面ぐらいは取れそうな、広――いテラスだった。屋上へ入るカギは私たちに託されていたから、朝は静かにコーヒー、夜になると常連のお客を何人か連れて、みんなでワインを飲むこともあったし、サラとふたりだけで飲むこともあった。

サラはお喋りの相手としてはもちろん、沈黙も心地よく共有できる相手だった。そういう相手って、なかなか簡単には見つからない。夜中、ほろほろと酔いがまわってコンクリートの地べたに寝転ぶと、満天の星が見えた。

「あっ………、流れ星！」

サラには何回も目撃できる流れ星が、私にはちっとも見えなかったけど。

仕事はおもに私が掃除、サラがチェックイン担当で、サラは休憩中で外にいてもガビからの指令でちょくちょく宿に返されていた。

「実働は合計3時間でも、1日じゅうガビに支配されてる感じだわ」

それでもサラも私も言われたことには従って、それなりにまじめに働いていた。ひと仕事終えたあとの、ジェラートとアペリティーボ・タイムを楽しみに。

イタリアには〝アペリティーボ〟という、夕暮れ時に外で1杯やる習慣がある。パルマではそのアペリティーボについてくる無料のつまみがほかの町よりも豪華で、しかも食べ放題なのが有名だった。ピザにパスタ、オリーブ、チーズ、サラミ、サラダ……。時にはお客たちも誘って、町中のバーをあちこち試していった。夏休みのせいか宿泊客は学生が中心で、フランス人、ブラジル人、アメリカ人、ドイツ人……。そんな各国の若者たちを連れて歩く日本人のスタッフ（44）。

「イェーイ、カンパーーーイ！」

みんなで食べ放題の料理をガッツリ食べて喋って、夜ふけには宿の屋上でワインをまわし飲み。なんだかんだ言って、こーゆーのが一番、気ラクで好きかも。

あれれ、高級パルマハムは？ チーズの王様、パルミジャーノのかたまりは？……いいの、いいの。

イタリア版、脱法ハウス？

ある日こんな指令がきた。

ガ［今日は満室だけど、電話予約が入ったからあと4人入れます。6人部屋のドミトリーの空いているスペースに、エキストラベッドを3台セットして。そして最後に来たひとりは、キッチンの奥の、ふだん僕が使っている仮眠用ベッドを使ってもらうように。狭いけど、文句は言われないはず］

巡礼宿じゃあるまいし、何でそんなに客を詰め込むんだよ、満室なら予約止めろよ！サラとグチりながら指示された通りにベッドをセットして、6人部屋を9人部屋にしてみると、荷物だらけで足の踏み場もなくなった。実際に客が入ってくると、部屋はどこかの大学のラグビー部の更衣室みたいにむさ苦しくなった。さらに、いままでひとつしかないトイレ・シャワー室を6人で使っていたのを、10人で使わなきゃいけなくなって、その10人の中には私たちも含まれているからこれには参った。朝なんて、トイレ待ちに30分。

ここより人間を詰め込んでいたところといえば、新宿四谷のシェアハウスのことを思い出す。そう、ジャパンの。50平米ぐらいの、せいぜいふたり暮らし用のマンションに、なんと12人の女を詰め込んでいた。家なしになってからのある夏、東京で仕事をするために1か月だけ住んだんだけど、そこが「脱法ハウス」と言われる物件だと知ったのは、あとになってからだった。何かの団体のアジトかと思うほど、あやしく、すさまじいところだった。

そのほか、よその国で脱法ハウスといえば、昔バルセロナにあった韓国人の老夫婦の宿「アリラン」も忘れられない。

老夫婦が暮らす小さなアパートに、激安好きの日本人バックパッカーが10人ぐらい寝泊まりしていて、そこは狭いかわりに激安なのはもちろん、韓国料理をお腹いっぱい食べさせてもらえる楽しい宿だった。じいちゃんは日本語がペラペラで、軽くセクハラをしてくるけれど面白いから人気者。そして極度の恐妻家。夜、トイレに行く時はじいちゃんとばあちゃんが仲良く眠っている布団の横をそっと横切らなきゃいけないんだけど、その時に少しでも物音をたてるとばあちゃんが起き上がってニラんでくる。そのネグリジェ&ナイトキャップ姿のばーちゃんに通じないけど「ソーリー！」とか言ってクスクス笑いながら4畳半ぐらいの女子雑魚寝《ざこね》ルームへ戻っていたものだった。

アルメニアの首都エレバンにある日本人のたまり場宿「セルゲイの家」も詰め込み系宿で、そこへ行った時は、満室だからみんなが使うキッチンのソファーで寝たけれど、1泊200円だったからノープロブレム。

グルジアの首都トビリシにあるこれまた激安の「ロマンティック・ホステル」は、「ロマンティック」と言っても地下で暗いだけなのだが、1日じゅう、テーブルに置かれたグルジアワインが飲み放題で、旅人たちは、真っ昼間から暗いところでベロベロに酔っぱらっていた。酔った客が、たびたび男女共用トイレのカギをかけ忘れて（私も！）ドアを開けられ、「キャーッ！」という声がしょっちゅう響いてたっけ。脱法レベルの環境でも、それを超える〝味〟があれば客はついていく。

しかしここの宿は残念ながら、ほとんどの客が1泊か2泊で出ていってしまう。長期滞在客は、この町で期間限定の仕事をしているチュニジア人のふたりだけだった。

スリッパ、宙を舞う！

その日の昼間、チュニジア人客のうちのひとりが宿にやってきた。彼はキッチンの奥のガビの仮眠用ベッドをしばらく使っていた常連客で、数日間いなくなってまた戻ってきた。

部屋は満室だったけれど、その時、宿にいたのは私とサラだけだった。

「ごめんなさい、今日は予約のお客で満室になっちゃったんです。あなた、予約してないですよね？　前回、部屋に置いていかれた荷物はここにまとめておきましたので」

私がカタコトのイタリア語で対応すると彼は顔色を変えた。

「何言ってんのお姉さん、俺はここに1か月前から泊まってるんだよ。ガビが夏のあいだは留守にするから使っていいって言って、毎日20ユーロも払ってそこの仮眠用ベッドを使ってんだ」

男は時々口ヒゲをさわりながら言った。お金がないのか、前歯の1本が抜けたままだ。

「でも、はっきりとした日にちをガビに伝えて予約を完成させてなかったんじゃないですか？　もう今日は満室になっちゃったんですよ。ごめんなさい」

「ごめんなさいじゃねーよ。ここは俺のベッドだよ。ほかに泊まるとこなんかないんだ。絶対、出ていかねーからな」

このやりとりを3回繰り返しても男は納得しなかった。それどころか「そんなバカな話があるかよ」「冗談じゃねー」「俺は常連なんだ」と声を荒らげて同じセリフを繰り返した。こんなズルい宿でも、この町では最安値レベルだから、ここに泊まれないと困るのだろう。

あとは直接ガブリエレに交渉してくれと言って、仕方なく携帯でガビに電話をかけて男に渡した。男の凄みっぷりに少し緊張。

「おい、ガビ、こん畜生、娼婦の息子、オカマ野郎、水に浮かんだクソ野郎！　ネット予約ってなんだよいまさら、コーマン野郎、バッファンクーロ！」

あははははは！　男は放送できない言葉の数々をでかい声で連発した。特にイタリアの代表的なスラング「バッファンクーロ！」を何度も言うから、覚えちゃったよ。

バッファンクーロ vaffanculo ＝くそったれ、バカ野郎。直訳すると〝ケツん中にぶち込め！〟という意味。下品なスラングだけどイタリアではわりと頻繁に使われている。

男は怒りが頂点に達すると、

「カッツォ！（チンポ野郎）」

と叫んで、履いていた便所サンダルを脱いで投げ飛ばした。

「ギャッ！」

私とサラは声をあげて腰をかがめた。スリッパはブーメランのように宙を舞って部屋の外の廊下に着地した。

少し心配になって、出口を確認した。男に持たせている自分の携帯も心配になってきた。しかし15分もたつと男も疲れてきたのか、交渉をあきらめてまた「バッファンクーロ」と言って電話を切って私に渡し、

「二度とこんなクソ宿来るか、チンポ野郎！」

と叫んで出ていった。

ふ————ぅ。

こんな修羅場はもうごめんだ。だいたい、こんな事態だっていうのにオーナーはどこか遠くの涼しい場所にいて、電話1本だけでつながってるって、おかしくないか。私たち女ふたりにめんどうくさい〝現場〟を押し付けて、自分は快適な〝スタジオ〟かい。いや、どこにいるのか知らないけど、もし男が暴力でもふるったら、どーすっぺ？

男が出ていくと、1分後にガビから折り返しの電話がかかってきた。ガビは私たちを心配するフリをしていたけれど、要は自分のイラ立ちを誰かにはき出したかっただけだった。

そしてこの時の電話が、私にとってはチュニジア男以上に「バッファンクーロ」きわまりないものだった。

「ねぇ、分かるかな？　悪いけど僕、この町に住む彼みたいな移民、難民たちが好きじゃないんだ。チュニジア人、セネガル人、モロッコ人、ガーナ人……町じゅうのあちこちに黒人がたむろしてるだろう？　僕が子供の頃は、この町パルマは白人だけ、イタリア人だけの町だったんだ。信じられる？　でもここ20年ぐらいのあいだに彼らが住み着くようになってからゴミは増えるし、犯罪は起こるしで、町の風紀が乱れていった。彼らの多くは船でシチリアにたどりついて南からやってくるんだけど、彼らの目的はイタリアよりもっと金のあるドイツとかスイスで働くことなんだ。でもパスポートも金もないから、結局みんなイタリアにとどまっちゃう。迷惑な話だよ。

今度から、チュニジア人に限らず、移民系が来たら満室だって言って断ってもらえないかな？　何ていうかね、貧しい国の人とは僕、付き合いたくないんだ。ボランティアスタッフも以前、メキシコ人を雇ったんだけど、彼ら、お金のことでちょこっと問題起こしてね。だからキミたちみたいに、ドイツ人とか日本人とかのほうが信用できるんだ」

キ――――――ッ！！！！

バッファンク――――――ロ！！！！

耳をふさぎたかった。もう、とにかくこの男の声から一刻も早く離れたかった。呼吸を落ち着かせて、機械になったつもりで、「はー」と合いの手だけを入れてやりすごした。反論して、倍以上長くなるのがイヤだったから。ともかく私とサラは大丈夫だからと言って話を切り上げた。

イタリアでは移民は大きな問題だ。南部のブリンディシに住む私の友人は、仲間たちとお金を集めて難民に提供するためのアパートを借り上げて、イタリア語を教えている。あてにならない政府にあきれて、難民たちに手を貸そうとするイタリア人もいれば、ガビみたいに「昔は白人だらけでよかった」としゃーしゃーと言ってのけるイタリア人もいる。

毎日こんなことばかりで私とサラは、屋上での酒量が増えていた。これが飲まずにはいられるかっての！

「いいなー、サラは2週間契約だから、あと1週間で終わりじゃん。私、1か月いるなんて言っちゃったけど、やめようかな。こんな宿」

「うん、トモコも早めに出ていったほうがいいよ。私、あいつの差別主義にガマンできない。メルダ（くそ）、ストロンツォ（くそったれ）、カーネ（犬）！　あんな男のために働いてバカみたい……カッツォ！（ちんぽ野郎）」

キレイなお姉さんのサラも、だんだん楽しいイタリア語を覚えていった。

パルマ脱出作戦

翌日から、次の行き先を探し始めた。

おれの大事な、イタリアンサマー2017を、こんなサギ宿の変人オーナーに捧げている場合ではない。人生は短い。しかし、夏はボランティア希望者が増えるのか、ワークアウェイで何通メールを出してもなかなかいい返事が戻ってこなかった。

巡礼宿にはもう行くつもりはなかったけれど、こうなったらまたオスピタレーロをやるのもアリだ。こんな腹黒い宿に浸かっているせいか、カミーノのピュアで美しい世界が恋しい。

その時、アクアペンデンテでのちっちゃな同僚、パスクアレが熱くすすめていたトスカーナのオステッロのことを思い出して、勇気を出して電話をかけてみた。すると電話に出たオーナー夫人は、

「ちょうど8月下旬から来てくれるオスピタレーロを探していたところだったの。ぜひ来

て下さいな！」

と言ってくれて、採用決定。

でも、そこからがまたやっかいだった。ガビに出ていくことを伝えるプロセスが。本当のやめたい理由、「お前が嫌いだから」を告白して話をややこしくするつもりはない。とりあえず一刻も早く終わらせたかった。

ト［ガブリエレ、悪いけど、私はこれ以上、ここでは働けません。きいていた話と違ってほとんど英語しか使わないし、イタリア人オーナーのあなたも不在。これじゃイタリアで働く意味がないんです］

これに対するガビからの返信。

ガ［うーむ、そうですか］

［この宿の雰囲気が嫌いなの？　小さい宿だから？］

［明日はほとんどの客がイタリア人だよ］

［私が1週間そこを留守にしただけのことが、何でそんなに問題なの？］

［まぁでも、あなたが決心したのなら、仕方ないですね］

［でも、そのほかにも理由があるんでしょ？　教えてくれないかな？　解決できるか

もしれない。ともかく6日後にはパルマに戻るから直接話し合おう。でもね、僕とのコミュニケーションはこうしてワサップでしたほうが、直接話すより合理的でいことが分かると思うよ］

……あぁ、このねっとりしたからみ方もイヤ！　めげずに返信。

🅣［チャオ、ガブリエレ！　私の決断を理解してくれたことと、問題を解決しようとしてくれたことに感謝します。パルマは美しい町だし、サラもいい子で大好きだし、屋上テラスは居心地がいい。そういうところは気に入ってます。でもね、いま、ひとつのトイレを9人で使っているの。それから、仕事の連絡が全部ワサップっていうのが私にはやっぱり無理。そのことを事前にもっと説明してほしかった。あと1週間いてほしいと言うならそれまで働きます。でも、どうかいい後任者が見つかりますように］

すると今度はこんな返事。

ガ［あなた、もし僕が宿にいたら、もっと僕のことを嫌がったかもしれませんね。なんか僕にはそんな気がする］

……ゲッ、そんなあんたのことが、心の底から苦手。そんな気がする。

ト［すいません］
［あなたとはワサップでうまく喋れない。それもやめたい理由なんです］

ドッと疲れるこのやりとりのあと私の脱出願いは何とか受理され、サラよりも2日早く出ていくことになった。

相棒運だけは最強！

ガビは、私が出ていく前日にとうとう現れた。もさっとした感じの長身メガネで、東野幸治みたいなおっさんっぽい髪形をしていた。

あたりさわりなくガビに接する私たち。ガビは久しぶりの宿をざっと点検して、キッチンを整理するとランチを作り始めた。

サラは休憩になるとスルリと外へ出ていった。するとガビは調子に乗って、昔日本人の女の子と付き合っていたとか言ってデレデレと私に写真を見せてきた。そして最後に、

「またパルマに来たら、ぜひ遊びに来て。1泊までは無料にするから！」

だって。わーい、ありがとうございます、ガブリエレ様、太っ腹〜！（中指を立てながら）

そうしてパルマを出た私はトスカーナの巡礼宿へ、サラは次のボランティアを始めるためにシチリアへと向かった。晴れてガビ本体からもワサップ呪縛からも解放された私たちは、気がつくと〝サラ―トモコ間〟でさかんにワサップ交流をはかっていた。

サラ（以下㋚）「トモコ、あたし今朝パルマを出たわ。ボローニャに3泊だけ遊びに来たけれど、いま、あなたと一緒にいないのが不思議な感じよ。そっちの新しいオーナーや仲間はどーお？」

ト　「サラ――――！♡♡♡こっちは自然に囲まれた巡礼宿で、オーナーはもうワサップじゃないし😁、やさしい夫婦でサイコーよ。だけど、ここにはドイツ人のかわいい相棒がもういないの。それだけが淋しい😭😊」

サ　「あのね、トモコ、私、あの宿もガビのことも大っ嫌いだったけど、それでもパルマで素晴らしい時間を過ごしたと思ってる。初日に〝ヴェルカム！〟って、笑顔で私のことをハグしてくれたあの瞬間からよ。はじめてのボランティアだったけど、あなたと一緒で本当によかった😍」

ト　「サラ、あたしも！　本当にクソ宿だったし、シーツのニオイなんかかいじゃってバカみたいだったし、あたしは流れ星も見れなかったけど、あなたと一緒だったおかげで、全部笑いとばせて楽しかった。ダンケシェン！♡　いま、ワサップからガビをブロックしたから。サラもブロックしな！」

サ　「その手があったね。いま、私もブロック完了。これでもう、私たちの人生からあいつが消えたね。おめでとう私たち、さらばガブリエレ！　バッファンクーロ！」

ト ［バッファンクーロ！］

来る前には知りもしなかった、覚えたての新しいイタリア語でパルマでのボランティアを終えた。しかし最後には、ガビを嫌う気持ちよりも、「サラに会えてよかった、いい子だったな」という思いでいっぱいになって、気分は晴れ晴れ。

まじめな性格のせいか、子供の頃からわりとなんでも最後までやりとげていた。部活もやめたことがないし、大人になってからのバイトもトンズラとかしたことがない。だから知らなかった。予定外に早く逃げ出すことがこ——んなにスッキリするものだったなんて！

これが昔の自分だったら、ここのボランティアだってど根性で最後までやりとげていたかもしれない。アブない、アブない。そうならなくてよかったよ。やっぱり、自分のことは自分で守らないとね。なーんて、1回ぐらいですっかり逃げのプロ気取りかよ！　だけど本当に、みんなもイヤな場所があったら、ガマンしないでとっとと離れようぜ。イエ——イ♪

information

『某宿』

パルマ
（エミリア・ロマーニャ州、イタリア）

期間	2017年8月6日～8月17日（12日間）
ベッド数	14
宿泊料	ドミトリーひとり20ユーロ～
おもな仕事	オーナーとの連絡、館内清掃、シーツ交換、洗濯、ゴミ捨て
労働時間	11：00～14：00
休日	週2日
寝床	客室ドミトリー6人部屋
食事	約束の任期を守れば、食事代1日300円程度支給

※表記した宿の情報は筆者が滞在した当時のものです。

第10章

トスカーナでおにぎりを！

『ロスピターレ・デル・ペレグリーノ』
2017年8月18日〜9月1日（15日間）

イタリア　トスカーナ州
サン・ミニアート

「チャオ、ペレグリーニ――――！」

帰ってきたぞー、ふたたびペレグリーノ（巡礼者）たちのもとへ。しかもちゃんと「ペレグリーニ」って、イタリア語「ペレグリーノ」の複数形で言ってみたよ、誰も気にしちゃいないだろうけど。

パルマを出てトスカーナへやってきた。

〝トスカーナ州〟。イタリアの有名でステキそうなところ。実はその響きにざっくりと憧れていただけで、たいした知識もなかった。調べてみたら、花の都フィレンツェが州都で、ピサの斜塔も、カミーノで通る古都のシエナやルッカもこの州にあるってゆーじゃないの。今回働くオステッロのあるサン・ミニアートという町は、フィレンツェから車で1時間のところにあった。

小さな町を出て坂道を下っていくと、緑に囲まれた大きな一軒家が現れた。黄色い壁の、大きな3階建ての家。庭先には家庭菜園があって、背の高いひまわりが咲いていた。午後7時をまわっていたけれど、夕方の日差しはまだキリキリと背中を刺してくる。

まわりを見渡すと、誰もいない野原の中に一本道のカミーノが延びていた。あぁ、なんて静かで美しいところ。なんか、セレブ雑誌とかに出てきそうな風景じゃん。『ラグジュアリーなヴィラで極上のヴァカンスを！　inトスカーナ』みたいな！

大きな家の中に入ると、前任のオスピタレーロやペレグリーノたちが忙しそうに夕食の準備に追われていた。

「ハロー！」

声に気がつくとみんなこっちに顔を向けて、にこやかに挨拶を返してくれた。オーナー夫婦のイグナツィオとロッセラが出てきて、

「ジャポネーゼ（日本人）トモコ、ようこそ！」

と言って歓迎のハグをしてくれた。もう、どこかの宿みたいに監視カメラを見ながらメッセージアプリで喋りかけてくる得体の知れないオーナーではない。このあたたかい歓迎ムード。いいわー。極上、極上。

ここはペレグリーノのためのオステッロである前に、オーナー夫婦の個人の家でもあった。イグナツィオは何年か前にスペインのカミーノ・デ・サンティアゴを歩いてその魅力にとりつかれ、本人いわく「カミーノに恋してしまい」、当時、売りに出そうか悩んでいたこの田舎家をペレグリーノのために使うことを思いついたらしい。

「あたしたち、観光ガイドの仕事をしていて、いまは4人の子供たちとフィレンツェのほうに住んでるの。上の3人はもう大きいんだけど、末っ子はまだチビだから手がかかって

ね。ここはオスピタレーロに助けてもらって夏だけ開放しているのよ。来てくれてありがとう。本当に助かるわ」

奥さんのロッセラは流暢な英語で言った。

「あれ、ロッセラさん、英語ペラペラなんですね？　私、そうとは知らずにお電話で失礼しました。あんな幼稚なイタリア語……。恥ずかしい！」

「あはは、私こそ、あなたは英語が喋れないのかと思ったわよ」

パルマの変人宿を出ていくことになった1週間ほど前、必死の思いでここへ電話をして、下手くそなイタリア語ながら採用してもらったのだ。

夫婦は週に1度ぐらいはこうして様子を見に来て、ペレグリーノたちと一緒にごはんを食べて帰るらしい。

この日、彼らはトリュフ・クリームを差し入れてくれた。世界三大珍味でもある高級キノコのトリュフは、おもにトスカーナの山で採れる。そのクリームは名物の白トリュフをベースに、チーズやニンニクをまぜあわせてペースト状にしたもので、これがとんでもなくおいしかった。こってりと濃厚で、独特の香りに食欲を刺激される。瓶の小ささからして高級品であることは分かったけれど、焼き立てのパンにつけて食べ始めたらやめられなくなってしまった。

「おいしくてやめられないわ。ごめんなさい、これ高級品ですよね？　あとひと口でやめますから！」

「あははは、トスカーナへようこそ！　気にしないでどんどん食べていいんだよ」

おもな仕事：トマトの湯むき、美人の引き立て役

翌日、もうひとりのオスピタレーロのイタリア人、アルバがやってきた。

「ベルガモから、高速道路を使っても5時間以上かかっちゃった。疲れたー」

彼女は長時間のドライブ用か、タンクトップにひざ丈のスパッツという格好をしていた。中肉中背、色白で大きめの黒ぶちメガネをかけていて、ストレートの黒髪をポニーテールにしている。透明感があって、なんだか、アニメに出てくる美少女みたいな雰囲気だった。幼く見えるけれど実は30歳の小学校教諭で（また先生だ！）、さっそく家の中を総点検すると、キッチンの大掃除を始めた。

「イグナツィオとはさっきも電話で話したわ。この段ボール箱の中のトマトを使うように言われてるから、ディナーはトマトソースのパスタでいいわね？」

いいとも――っ、ポモド――ロ！（イタリア語でトマト）

彼女はオスピタレーロをやるのははじめてだったけれど、先生という職業柄か、てきぱきとやることを決めて進めていくタイプで、ディナーのメニューはその日から4日間連続で、パスタ・トマトソースになった。

アルバが料理長、助手の私はひたすらトマトの湯むきを手伝った。トマトソースをトマト缶からではなく、生のトマトから作るためには相当量のトマトが必要だ。大鍋で数分間茹でた大量のトマトを、水にさらしてからバットにあげて、手でちまちまと皮をむいていくのが私の仕事。ひとりトマト湯むき部、発足！

苦労して作ったトマトソースはそこそこおいしかったけれど、箱買いした大量生産のトマトでは甘味がそんなに出ないし、ふりかけるチーズも同様に激安のパック品だったから、「毎日食べたい！」というほどでもなかった。

「トマトもいいけどさ、ちょっと気分を変えてみない？」

5日目に、具体的なメニューの例をあげて変更を提案してみた。しかし言い終わる前に、

「ノ―――ッ！　段ボール箱のトマトをまず消費しないと」

と、素早く却下されてしまった湯むき部員。

ひゃ―――っ、かわいくない女！　オーナーの指令に忠実なのはいいことだけど、

ホステル経験11軒目（プライド！）の湯むき部員の声にも、少しは耳をかたむけてみたらどーだい、アルバ先生よぉ。

古い田舎家にはいろいろな生き物が現れた。

「トポ────ッ!!　ギャ────────ッ！」

「え、トポってなになに？」

「ネズミよ、ネズミ！」

夕方には蚊も大量発生した。巨大なクモやアリも当たり前。小型のサソリみたいなのもいたけれど、一番やっかいだったのはキッチンを荒らすネズミだった。

毎晩、ゴソゴソと走りまわる彼らの足音をきかされ、時にはその姿を目撃した。古い屋敷のキッチンは土間みたいなもので、食糧棚の裏側と壁のあいだにできたすき間が、彼らの運動場になっていた。棚の上に置いてある米やジャガイモ、パスタ、クッキーなどの袋はどんどん破られて、荒らされていった。でも、ネズミ捕りをしかけるのはちょっとなーと思ったけれど、そんな私にアルバ先生、「そんなことじゃ、アルベルゲは守れないのよ!!」と腰に手を当てながら……。

そんなスパルタっぽいアルバ先生には、実はそれとは別に強力な秘密兵器があった。彼女はひとたびその黒ぶちメガネをはずすと、そのビー玉のような青い瞳がうるうると光り出し、とたんに見つめた相手を窒息死させられるという、スーパーシークレットウェポン（超秘密兵器）の持ち主だったのだ。さらにポニーテールをほどいてサラサラの黒髪をかきあげれば、たいていの男はイチコロ。パッと見のまじめそうな教師の印象と、メガネをとってゆるんだ時のギャップがたまらないんだろう。

アルバは毎日、「誰々にキレイって言われちゃった」とか「誰々に彼氏はいるのかってきかれちゃった」とか、「今日出ていったペレグリーノの誰々がこんなポエムを私に送りつけてきたのー」とか、自分のモテっぷりを、業務報告以上に報告してきた。

そのお返しに、棚の裏をのぞいてはネズミが死んでいないか、報告返しをするおれ。

「今日もネズミ捕りのエサは1ミリも動いてないわ」

ネズミはひっかからないが、男たちはどんどんアルバにひっかかっていった。

ミラノからやってきた28歳の青年弁護士（男前）は、終始、まるでチョコレートを見つめる幼児か、ニンジンしか直視できないウマのように、アルバのことだけを目で追いかけていた。隣にいる日本人女は彼女のマネージャーか、はたまた透明人間か……。

ある朝、6時半に起きて階段を降りようとすると、下からその弁護士たちの声がした。

彼らはアルバが降りてくると勘違いしたのだろう。

そこにおれ様が、

「ブォンジョルノ――――」

と登場したもんだから、彼らのがっかりようときたらなかったよ。朝イチでアルバを拝めると思ったら、階段を降りてきたのは日本人オババのほうだったんだもん。もう、あたしには、甘い顔の男が極上の笑顔を用意しかけて、「はーっ」と肩を落としたのがよく分かったね。ざまーみやがれ、バッファンクーロ！（↑意地悪ババア）

しかしそのあとも男たちはめげずに、そわそわとアルバが起きてくるのを待って別れのハグをしてから出発していった。

全員を送り出すと、アルバは嬉しそうに言った。

「あの弁護士の彼ね。別れ際にハグをしようとしたんだけど、私が〝あたし、寝起きでまだ顔も洗ってないから〟って握手だけにしようとしたら、〝そんな、気にしないで。キミは美しすぎるんだから〟って言うのよ。それでハグとキスをしてきた、ほっぺたにだけどね。あははははー」

あははは、あははは……。

ひとりオスピタレーロ

アルバは1週間、男たちの人気をかっさらうだけかっさらって、「仕事があるし、彼氏(引きこもりだけど超カッコいいらしい)も恋しいから」と言ってベルガモへ帰って行った。それにより、アルバの引き立て役および透明人間の日々は終わった。トマトの湯むき部も解散。

残り1週間はひとりでオスピタレーロをやることになった。

ペレグリーノの数は最多でも11人とはいえ、広い屋敷をひとりで管理してみるとのん気に遊んでもいられなかった。急に雨が降り出せば、外に干したシーツをとり込むのもひとりでは間に合わない。わーどーしよ、どーしよ！　毎朝、どのシーツが未使用なのかが分からなくなってムダに洗濯してしまうことがあったから、シーツはペレグリーノが来てから手渡して、各自でセットしてもらうことにした。こういう変更を、好きなようにできるのは〝ひとりオスピタレーロ〟のメリットだね。

上の階にいる時は、入口のドアを閉めてこんな貼り紙をした。

〝オスピタレーロは上にいます。大きな声で「チャオ！」って呼んでね！〟

一度「チャオ！」という声がして降りていくと郵便局員だった。

「ブォンジョルノ（おはようございます）、セニョリーナ！　郵便です」

「ありがとうございます！」

こんな農村地帯の真ん中に建つ一軒家からアジア人の女が顔を出したから、彼の顔はやはり〝……誰？　何？　なんで？〟の口ポカーンだった。ここの歴代オスピタレーラは、みんなイタリア人だったらしい。


ひとりオスピタレーロの初日の客はイタリア人の青年とおじさんの2名だけだったから、ごはんを炊いて、野菜カレーを作ることにした。

合言葉は「ノー・モア・トマトソース！（トマトソースはもうごめん！）」

ジャガイモ、いんげん、玉ねぎ、ニンジン、ナス、ズッキーニ、マッシュルーム、庭のバジリコ。トマトもどっさり入れたが湯むきなどするものか！　ニンニクやショウガは利かせたけれど、唐辛子やカレー粉はイタリア人向きに少なめにした。

すると青年フランチェスコはこのカレーを「ブォーノ、ブォーノ（おいしい）」と言って2回もおかわりしてくれた。さらにアルミの容器に入れて翌日のお弁当に持たせてあげたら、お昼頃、完食して空っぽになった弁当箱を雄大な山をバックに写真に撮って送ってくれた。【冷めてもすごくおいしかったよ、ありがとう!】というメッセージとともに。シチリアの自転車兄弟が来た時は、おにぎり弁当を作ってみた。おにぎりはグリンピースごはんに薄焼き卵を巻いたものと、ツナ&マヨネーズのおにぎりに湯通ししたレタスを巻いたもの。海苔の代用を考えた末に行きついたアイディアだったけれど、これも「おれって天才か!」と思うほど、見栄えがよくいい仕上がりになったんだよね。

「母ちゃん、いまトスカーナにいるよ。日本人のスタッフにオニギリってものを作ってもらってこれから出発するところ。ははは、そうなんだ。ここはイタリアなのに、僕たちイタリア人が日本人にもてなされてる」

兄弟は、シチリアの母ちゃんに電話でそう伝えていた。

彼らを送り出したあとは、お楽しみのひとりきりの自由時間。残りの白ごはんを電子レンジであたためた。夢にまで見たあれを、今日こそやってみるのだ。材料は揃っている。ティーバッグだけれど一応緑茶もある。そして常温にもどした卵と、しょうゆ。これだけで十分。

「キャ――――――ッ!」

アルバが自分の彼氏の写真にうっとりする時みたいにときめいた。静かな朝の、〝卵かけごはん☆〃に。

最終的に恋しくなる日本食って、ご馳走じゃなくて、こーゆー質素なものなんだよね。

涙の（？）バースデー

そうこうしているうちに今年も誕生日がやってきた。夏といえばオスピタレーロ、そしてひとつ歳をとる。

あれ、今年何歳だっけ？

真剣に、自分の歳が分からなくなることがある、最近。

一応、スパークリングワインを用意していた。アルバの車で買い物に行った時に買っておいたのだ。今日の流れ次第では誕生日であることを告白して、ペレグリーノに1杯付き合ってもらおうかなと思っていたのよ。けなげ？

連日、ペレグリーノが2、3人しかいなかったせいもあるけれど、その分じっくりペレグリーノと交流をはかれて、宿帳にはお礼の書き込みが増えてきていた。たったひとりのオスピタレーロが夕食を準備してくれて、一緒にテーブルを囲むとなれば、誰がやってもそうなるかもしれないけれど、当然、場はなごやかになり、ペレグリーノたちはみなオスピタレーロに好意的になる。ありがとエビバディ。

しかーし、その日のペレグリーノだけは少し様子が違っていた。ローマからやってきた若いイタリア人の5人グループで、女の子ふたりは20代前半で、男は30代か。

彼らは出会い系のアプリで知り合ったばかりの初対面グループで、ローマから4日間だけカミーノを歩きに来たのだと言った。明日のプランや「ホテル」がまだ決まっていないからあせっているらしい。

純粋なペレグリーノというよりは、〝トゥリグリーノ〟だろう。トゥリグリーノっていうのは、あのソフィアばーちゃんがよく使っていた誰かの造語だ。

ペレグリーノ＋トゥリスタ（ツーリスト）＝トゥリグリーノ。

つまり、〝なんちゃって巡礼者〟とでも言おうか。観光が目的だけど、旅費を浮かせたいからカミーノをちょこっと歩いて巡礼宿に泊まる人。

ひとりでテーブルを拭きながら、少し空虚な気持ちに襲われた。今日に限って巡礼宿のムードはまるでなく、誕生日だっちゅーのに、だまって働いている。透明オスピタレーロに近い状態で知らない人たちに給仕しながらあたりさわりのない会話をして、ちびちびとワインを飲んでいる自分。さびぴ――、かなぴ――！

彼らに背中を向けて皿を洗いながら、自分の年齢45について考えていた。

45といえば、自分が高校3年生だった頃の母と同じ年齢だ。母がゴルフ場でキャディのパートを始めたばかりで、スクーターで町内を走りまわって用事をこなし、子供3人とダンナと、姑の面倒まで見ていた頃。バリバリの母親、バリバリの嫁。イタリアの田舎でひとり、ペレグリーノの使った皿を洗っている自分とはずいぶん違う人生だ。見てるかい、母ちゃんよ。

しかし過去2回、43歳と44歳の誕生日をスペインのアルベルゲで盛大に祝ってもらったことを思えば、今日の淋しさぐらいかまうまい。長い人生にはこんな地味な誕生日だってあるさ。

大量の洗い物と格闘していたら、グループの中のひとりの青年がやってきて手伝ってくれた。皿を洗いながらなぜか年齢の話になって年齢をきかれ、ひとり飲みの酔いも手伝って、

「45。今日で45になっちゃった」

と言っていた。「なっちゃった」。本当に「言っちゃった」って感じでそんな自己申告が負け犬みたいで少々みじめだった45。ユー、アー、ルーザー！　アイアム、ルーザー！

「え、今日誕生日なの？　おめでとう！　もっと早く言ってよ、乾杯しなきゃ」

彼はそう言ってくれたけど、話はそこで終わった。

グラッパ・ナイト

9月に入るとトスカーナはウソのように涼しくなった。

ペレグリーノはミラノで看護師をしているエンリコ（30）だけで、夕食の支度を終えるとふたりで外の雨を眺めていた。

久しぶりのまとまった雨。すると前方からもうひとりのペレグリーノが自転車を手で押しながらやってきた。

「チャオ、ペレグリーノ！　自転車、どうしちゃったの？」

声をかけると彼は息を切らしながら答えた。

「2キロ手前でパンクしちゃって……。それ以外にも、この自転車もうガタガタ。今日、空いてますか？」

「うん、空き放題よ。今日のペレグリーノはこの彼とあなただけ。私はここのオスピタレーラです。さぁ、早く中へ入って」

彼は北部パドヴァの家から、自転車でローマまで走る途中だと言った。33歳のメガネ青年、名前はアンドレア。自転車のチェーンの調子がおかしくなったところに、タイヤもパンクしてしまったらしい。

ディナーはひよこ豆と野菜をたっぷり入れたスープにした。ふたりとも、ベジタリアンではないというから、イタリアのソーセージ、サルチッチャも入れた。アンドレアがシャワーを浴びて、キレイな服に着替えるのを待って3人で食べ始めた。

「うめーな、本当にうまいよこのスープ。今日の道はさんざんで、俺の自転車ももうボッコボコ。もしここが満室だったらどうしようかと心配だったんだ。でも雨に打たれてさっきここに着いたら、あなたが笑顔で迎えてくれたでしょう？　あぁ、まだツキが残ってたか、カミーノの神様よありがとうって思ったよ」

アンドレアは言った。彼はとにかく腹が減ったと言って、鍋の中のスープをすごい勢いで3杯平らげ、パンがなくなるとキッチンをあさって古いパンを探し出し片っ端からトーストしてスープと一緒に平らげた。そして30分後に「あー苦しい」とソファーに倒れ込んで10分後に起き上がると、サロンのすみで自転車の修理を始めた。

ペレグリーノがふたりだけ、しかも喋りやすい相手だったから、自分の家に友達が来たみたいにラクだった。放っておいても、キッチンのものを勝手に使って片付けもやってくれる。心からリラックスした私は、彼らに向かってペラペラと自分のことを喋っていた。誕生日の夜の淋しさ、アルバとの透明人間週間、ネズミとりの苦労や次の行き場探し……。あぁ、気軽に喋れる相手がいるって幸せだな。最近またきき役ばっかりで、疲れてもいたのかもしれない。もちろん同じ分だけ、彼らのストーリーにも耳をかたむけたよ。

エンリコはデザートのタルトを食べ終わると、こだわりのコーヒーをいれてあげるよ、と言った。

「正式な砂糖の入れ方、教えるから」

すると彼は、小さじ1杯分の砂糖を入れたエスプレッソ用のカップに、モカポットでいれたてのコーヒーをほんの少しだけ垂らしてスプーンで素早くかきまぜた。練るように、素早く。そのあとでコーヒーをゆっくりと注いだ。

「先に砂糖を溶かしてシロップ状にするんだね。こうやったほうがおいしいの？　これもイタリア式？」

「ははは、正式？　イタリア式？　俺、イタリア人だけど、そんなのきいたことねーよ」

壁際で自転車と格闘中のアンドレアが口をはさんできた。彼は床に座り込んで、いまや車輪は自転車本体からはずされていた。チェーンをにらみ、修理に集中しながらも話に入ってくる。

「いや、イタリア式っていうか、僕式、エンリコ式だよ。絶対このほうがうまいコーヒーになる。たぶんうまいから」

「なんで〝絶対〟って言っておいて、〝たぶん〟って言い直すんだよ」

アンドレア、するどい。

「オッケー、じゃ、〝たぶん〟じゃない。絶対にうまいから。トモコ、俺を信じて」

「いや、信じないね。あたし、自分のことを信じてってゆーやつだけは絶対、信じないようにしてるんだ」

「あはは、言われてらぁ！」

あー、このふたりが2日前の誕生日の夜に来てくれたらよかったのになー。私はバックパックの底に隠し持ってきたイタリアのブランデー、グラッパをふたりにご馳走することにした。

「とっておきのグラッパがあるんだけど、飲む？」

この夏、イタリア北部のアルプスを歩いた親友のダリオ（昔のカミーノダチ！）が、山の農家から買ってきてパルマにいた私に届けてくれた特製グラッパ。しっかりと甘くて、のどがカーッとした。

働くオトコの二の腕っていいわ〜♡ ペレグリーノ、あんたもここに住んでおくれ！

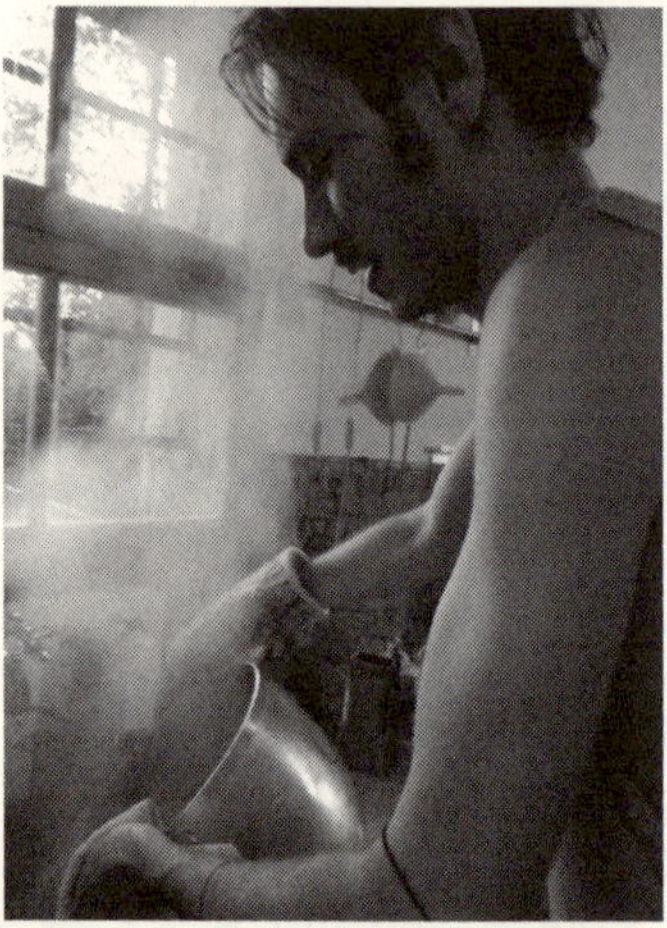

《アルベルゲ＆オステッロあるある》生ゴミ箱の横に座り込んで、充電しながら電話するペレグリーノ。シチリア男子、実家の母ちゃんと電話中

1冊のノート

私の後任としてやってきたオスピタレーロは、イタリア人のおじさんコンビだった。到着するなり着替えて、庭の草刈りや水まきをせっせとやってくれた。

「そんなに水をまくんですか？」

「そうだよ。あなた、この2週間、あんまり水をあげなかったでしょう？　このへんのトマトが枯れ気味だもん」

ドキッ……。

その日は引継ぎの日だから、オーナー夫婦も子供たちを連れてやってきた。庭仕事が苦手な分、おにぎりや鶏のからあげを作ってポイントを挽回する日本人オスピタレーラ。

奥さんのロッセラは、宿帳をチェックしていた。この2週間にペレグリーノたちが書き残したメッセージやイラスト全部に目を通しているようだった。

「あなた見てよ、宿帳に書かれたこの〝TOMOKO〟の文字の多さ！　トモコ、あなたこの1週間ひとりで、本当によくやってくれたわね。ありがとう。おいしい料理をたくさん作って、オリガミ教室もやってくれたのね。2週間、あなた的にはどうだった？」

「いやー、いままで大きい宿が多かったから、このファミリー的なのがとても新鮮でした」

本当に、いままでで一番小ぢんまりとした、〝家〟みたいな宿だった。

「こないだの雨の朝、レインコートを羽織って歩き出そうとするペレグリーノに〝お世話になりました。ありがとう〟って言われて、〝ブエン・カミーノ〟って送り出したんですけど、そのあとひとりで感動しちゃったんです。いままで何百回もやってきたやりとりだけど、改めてオスピタレーロっていいなって。だって、雨の中、前へ進んで歩こうとするかっこいい人たちを見送って、お礼まで言われるんですよ！」

なんか、〝オスピタレーロインタビュー〟みたいに調子がいいことを言っていた。でもホントのこと。

「そこそこ、そこなのよねー、私たちがこの家をペレグリーノに開放している理由も」

ロッセラは言った。

〝家〟という大きな財産を、ペレグリーノに差し出している彼女たちは私とはボランティアのレベルが違う。家があるからって、なかなかできることじゃないよ。

「私ももし、余ってる家があったら……って、家なんかひとつもない身分だけど、たとえば何かの更生施設とかよりも、やっぱりペレグリーノの家にしたいな。客を選り好みする時点で、いいボランティアとは言えないのかもしれないけど」

「ううん、自分が好きな人に手を貸したいって思うのは当然よ。友達でもないアカの他人に手を貸す時点で、あなたは立派なオスピタレーラよ」

ほめられるとやっぱり恐縮してしまう。だって、相変わらず自分は〝家賃タダ、食費タダ〟にもひかれてやっているわけで……。

「ここでは個室でゆっくり寝かせてもらえたし、お客ゼロっていう日もあってリラックスさせてもらいました。完全にひとりでまわすっていうのもはじめての経験で、特にこの1週間は面白かった。最初の週はアルバの引き立て役で、つまらないったらありゃしなかったけど」

「あははは、何てこと言うのトモコ！　そんなにモテたの、あの子？」

夫婦は私からの報告に、目を丸くしたり手をたたいたりしながらきき入った。そして、

「トモコ、秋以降、執筆の場所がなかったらここに好きなだけ住んでくれてかまわないんだよ」

イグナツィオは言った。

本当にありがたいオファーだった。家なしだから、自分の居場所に関することで助けてもらえると、その恩は特別に身にしみる。現実的に、誰もいなくなって冷え込む秋冬にこ

の屋敷でのひとり暮らしは無理そうだったけれど、夫婦のやさしさにカンゲキ。

ロッセラは私にささやかだけど、と言ってきれいにラッピングされたプレゼントを渡してくれた。中身はB5判ぐらいのしっかりしたイタリア有名ブランドのノートブックと、とても書き味のいい黒のインクペン。ノートにはピンクのハードカバーと、ゴムのベルトがついていた。

「あなたにはとにかく書いてもらいたいの」

ロッセラは言った。

「あなたが書くことを休んでいるおかげで、私たちはここを手伝ってもらえてラッキーだったわ。でもあたし、あなたが書いたものを読んだこともないし日本語も読めないけれど、あなたが書くのを待っている人がいるんじゃないかなって思うの。会った時から思ったんだけど、いまもまた思ったわ。あなた自身も、書く機会を待っているんじゃない？　その時が早く来ますように」

ドキッ……。（↑今日2回目）

物書きだということは初日にちょっと言っただけで、詳しいことは何も話さなかったのに、ロッセラは最後に、我が人生のメインテーマにふれてきた。瞬間、グラッパを飲んだ時みたいに胸の奥が熱くなった。ポッ、ポッ、ポッ……。

こんなふうに人から言われたのははじめてで、なんというか、かまってもらえたっていうだけじゃなくて、自分の人生のことまで考えてもらって、応援してもらっているっていうのが嬉しくて、そのあとも胸がじんわりあたたかかった。

実はこないだのロンリー誕生日の日、超くだらないマイナス思考にとりつかれていた。半期に一度ぐらい、思い出したようにやってくるやつ。

「自分はどこへ行っても、そこそこまわりには好かれるけれど、人生のパートナーとしては誰からも選ばれず、最終的にはいつもひとり。ふん、どーせみんなに比べて何かが欠けてるんだろうよ」

そんな、ふてくされたダーク思考。

でもいま、そのことが急に恥ずかしくなってきた。ロッセラはそんな落ち込みプレイが趣味の女を、応援したいわけじゃないだろう。

人生は限られている。限られた時間をこんな意味もない落ち込みプレイに使うなんてもったいない。だいたい、我が「オトク大好き」精神に反してるじゃないか。楽しく生きなきゃソンソン。

「あなたにはとにかく書いてもらいたいの」。ロッセラからのひとことは、私の心の中に置きっぱなしになっている重要なテーマに、新しい風を当ててくれた。部屋へ戻ってからも思い出すと、なんだかまだ1文字も書いてないくせに前向きな気持ちになってきて、頭の中で彼女の言葉を繰り返し再生した。

今日はこのノートと一緒に寝よう。もらったプレゼントと一緒に寝ていた、子供の頃みたいに。そして明日から、この立派なノートに何か書き始めてみよう。

そういえば、スマホがなかった時代は、旅に出るとノートブックが友達で、とにかく常にガンガン書きまくっていた。時には自分で書いたものがバカバカしすぎて、列車の中でクスクス笑ったりもしていた。

日本の友達にあてて、くだらない手紙もたくさん書いて送りつけた。それがいくつもの雑誌の記事に生まれかわったりもしてたのに、いつからやめちゃったんだろうか。確か、1年間のシルクロードの旅2012までは日記があるはずだ。母の病気が始まってから、きっと書くのがイヤになって消滅しちゃったんだな。でもまた復活させようか、あの書きなぐりの日々を。悪くない。

でもその前に忘れちゃいけないこと。トスカーナを出る前に、あのトリュフ・クリームだけは買わないと！　そのあとで次の町へ向かうのだ。この夏、さんざん情報を仕込まれて、19年ぶりに行ってみたくなった……ナポリへ！

information

『ロスピターレ・デル・ペレグリーノ』
L'HOSPITALE DEL PELLEGRINO

サン・ミニアート
（トスカーナ州、イタリア）

宿のタイプ	"ヴィア・フランチジェナ"にある巡礼宿
期間	2017年8月18日～9月1日（15日間）
ベッド数	11
宿泊料	なし。寄付制、朝・夕食付き
おもな仕事	朝食の世話、館内清掃、シーツ交換、洗濯、ゴミ捨て、買い物、チェックイン、オーナーへの連絡、夕食調理
労働時間	6：00～23：00（休憩2～3時間）
休日	なし
寝床	個室
食事	食材支給

※表記した宿の情報は筆者が滞在した当時のものです。

第11章

ナポリタンヒルズ青春白書

『ラ・コントローラ・ホステル・ナポリ』
2017年9月26日〜2018年2月5日（4か月と10日）

イタリア　カンパーニャ州
ナポリ

「わわぁぁぁ――――――っ！」

アルゼンチン人のブルーノと私は、客室のダブルベッドの両サイドに立って、かけ布団をバサッとはがすと、同時に叫びながら互いに目を合わせて、かけ布団をまた元に戻した。あ・うんの呼吸で息がぴったりと合っていた。

ブルーノ（30）は目をパッと開いて、口をあんぐり開けたまま一時停止。ちなみに彼はタイプの〝男〟を見つけた時の「電気ショック」の瞬間も、名前を書いておいたビールが冷蔵庫から盗まれた時の「プータ！（スペイン語で〝ビッチ〟）」の時もこれと同じ顔をする。一時停止から、再生。

「見てない、見てない、何も見てないよ、ボクたちは！」

とふたりで言い合いながら、何も見なかったことにして無言で作業を続けた。

べつに死体を見たわけではない。連泊者のベッドを整えるだけの仕事。2泊目の客だからシーツはとりかえなくていい。しかしかけ布団をはがしてみたら、下に敷いてあるシーツが、ダブルベッドなのにシングル用のシーツを2枚使った間に合わせであることが分かった、そんだけのことだ。昨日はダブルのシーツが足りなかったから誰かがこうしたんだろう。そういう時は翌日やり直せと社員に言われている。しかしいまは面倒臭い。誰がやるかよ、そんなこと。すまして手を動かしていたけれど、20秒後にヘラヘラと笑いがこみ上げてきた。

「あ——はは……。おかしい、あたしたちのこの、セコいサボリ魂」

その場にしゃがみ込んで笑うと、ブルーノもあははと笑い出した。疲れていたし、一瞬しゃがんでもみたかった。ずっと一緒に働いているから、「ここまではやらなくてよし」の判断も、一致するようになってきたことがおかしいっていうか、ちょっと嬉しい仲間意識っていうか。

このホステルは、「そこまでボランティアにやらせるか！」っていうほど大量の仕事をふってくるから、黙って全部受けていると体が持たない。もう午後の1時をまわろうとしているっていうのに、ふたりとも朝食当番で朝7時から働き通しだった。

「どうしたんですか？」

私たちがいつまでも笑っているものだから、隣の大部屋で使用済みシーツを回収していたノルウェー人の新人男子が顔を出してきた。アジア旅行帰りの20歳で、客として3、4泊したあとに仲間に加わった、背の高い金髪男子だ。

「なんでもないよ。ベッドを開けたら死体があっただけ」

そう言っているあいだにも、ブルーノはいつものように部屋に干してある客のブリーフを発見して、鼻をクンクン言わせながら近づいていった。

仕事から解放されたボランティア衆、海へ向けて元気に出動中！

うわっ、これ誰の部屋？　この部屋の名前は…P355

「これ、きっとイタリア男のよ。イタリアって、なぜかブリーフ男子が多いの。海パンもみんなブーメランでしょ？　いいわよねー、白のブリーフもなかなかクラッシックでー」

「はー―、それは貴重なご意見ありがとう」

そんなやりとりに新人がウケている。

3人でシーツが入った大きな袋をまとめると、それぞれサンタクロースみたいに背負って次の客室へ向かった。

廊下で掃除係の大先輩マリアとすれ違うと、彼女は見慣れない金髪を見上げて、

「ワー――ォ、イイ男！」

とナポリ訛りまる出しのイタリア語で言って私にウィンクしてきた。そしてモップを持っていないほうの手で、私のおしりをバシッとはたく。なんだい、テレ隠しかい！

「イテッ、痛いよマリア！」

マリアはいつもわざとナポリの下町の人間っぽく、荒い言葉を使って私を喜ばせた。

「よぉトモコ、今日こそ、客室のくそマスターキーを失くしやがるなよ！」

そして自分のスマホから流れる古きよきナポリタン歌謡にのせて歌いながらせっせと掃除を続けた。

高らかに歌うマリアの声が建物じゅうに響き渡る。この宿の名物だ。

姉妹都市、ナポリ（上）と鹿児島市（下）。
ナポリには「カゴシマ通り」、鹿児島市には「ナポリ通り」という名前の通りがある

♪オ〜〜、ソ〜〜レ、ミ〜〜オ〜〜……（私の太陽よ）

客室のベランダに出て外を眺めると、ナポリのシンボル、ベスビオ火山が見えた。今日も青空に映えている。やっぱり桜島にしか見えんわ、鹿児島育ちには。

ウナ・ボンバ！

ナポリは坂の多い町で、『ラ・コントローラ・ホステル』は中心地から坂を20分ぐらい上がったところにあった。

秋の午後、眼下にはナポリの町が広がって、右手には青い海、その向こうには雄大なベスビオ火山がそびえ立っている。こういう気持ちがいい風景を見ると、まず大きな声を出したくなるんだな。

「ナポリ――――――――――ッ！」

叫んだらスッキリした。ひと仕事終えて休憩に入った開放感と、ナポリへの挨拶。前回は3日で通過してしまったこの町をじっくり見てみたくてこのホステルを選び、19年ぶりにやってきた。イタリアの中でも特に強烈な個性を放つというこの町へ。

その日はボランティア全員で、旧市街へ向かっていた。若い男子4名と、日本人のオババ1名。若い男の子たちとのお出かけにうかれているのは、私よりもブルーノのほうに違いない。

いくつもの坂道と階段を下って、旧スペイン人地区へ出た。老朽化したデコボコ道の両側にはアパートが建ち並び、道の上に渡されたロープには横断幕のように洗濯物が干されている。下町ナポリの典型的な風景。洗濯物のしずくがポタッと頭上に落ちてきた。お昼時で、家々からはトマトソースやニンニクオイルのいいニオイがしてくる。そこにうっすらと、洗剤や漂白剤のニオイもまざってくる。ザ・生活臭。

「あぶな――――――いッ！」

突然、フランス人男子アレクシスに手をひかれてかばわれた。後ろからいきなりやってきたスクーター。運転手はどう見ても小学生ぐらいの子供で、しかも3人乗りだった。よくこんな段差と階段だらけの道をスクーターで走れるもんだと思うけど、ナポリではスクーターが一番エラそーに走っている。まるでインドみたいだ。

我々が目指すところはピッツァ・マルゲリータの有名店。腹が減った時に思い浮かぶものといえば、この町では1にピッツァ、2にピッツァ、3も、4も、5も、ピッツァ。だってここは世界で一番ピッツァがうまい町、ピッツァの発祥地ナポリだぜ！　ところが行ってみたらいつもより長い行列だったから、待ち時間が少ない持ち帰りにした。

あたたかい箱を受けとって、みんなで道のわきにしゃがむ。もちろんひとりひと箱ずつ、大事な赤子のように抱えて。箱を開けて、湯気の立つスライスを手にとる瞬間はいつも顔がニヤけてしまう。そーっと、持ち上げる。うぉ――――っ、たまらん、この、熱いトマト汁とモッツァレラチーズの重さでしなった生地のヨレヨレ感！　折りたたんで口の中へ運ぶシアワセ。

「マンマ・ミーア！（何じゃこりゃー！）」

「ウナ・ボンバ！（爆弾！）」

うまいもの、それは「ウナ・ボンバ」だった。イタリア語で「ひとつの爆弾」という意味。ナポリにはどうしようもなくうまいもの、「ボンバ」としか言いようのない食べ物がたくさんあった。それも、ほとんどがピッツァとかコロッケとかおかずパンとかのストリートフードで、庶民の味方B級グルメなところがありがたい。

ピッツァはトマトが濃い、バジルが甘い。生地もモチモチしていてうますぎるっつーの！　モッツァレラチーズは、水牛（ブッファラ）のが断然おすすめで、チーズだけを生で食べると気絶しそうにうまい。外側はプリップリに弾力があって、ひと口かじるとアイスクリームみたいにジワッと口の中でうまみ成分が溶ける。

私たちは、勉強中のイタリア語で感動し合った。

「ボンバ———ッ！　俺、この水牛モッツァレラチーズと、ヤリてぇ！」

「僕は、まず抱かれてぇ。このチーズとトマト、両方同時にヤラれてぇ」

下品なこともカタコトで言うと、けっこうかわいく響く。

ブルーノ・BRUNO

「あっ、写真撮らなきゃ。みんなで並んで食べてるところ、撮ってもらおうよ」

ブルーノは日本人か中国人並みにしょっちゅう集合写真を撮りたがった。

男子たちが全員、女にしか興味がないことが分かると残念そうだったけれど、それでも彼らと一緒に暮らして働けるこの状況は彼にとって「パラダイス」らしい。

入れ替わりで何人かの「キュート・ボーイ」ボランティアが現れたけれど、フランス人のアレクシス（25）が来た時のはしゃぎようは格別で、国立図書館にいた私に、

[キャー——、どうしよう、新入りのフレンチボーイ、超キュート！♡♡♡]

と興奮ぎみのワサップをよこしてきたから、落ち着きなさいよと返信したら、

［これが落ち着いてられるかっての。いま喋ったんだけど、彼、すごい瞳がキレイなの。キレイすぎてもう息ができない、ハア、ハア、ハア……♡♡♡］

お得意の青いハートマークをちりばめて書いてよこしてきた。

直接アレクシスと喋る時は冷静を装ってるみたいだったけれど、ナポリマラソンの出場を狙っている彼がランニング練習から帰ってくると、アゴで彼を指して、

「見て、あの短パン姿、あの足、背中。超セクシー♡　あっ、胸毛が見えた！」

とか耳打ちしてきたりする。いつも、下くちびるをかみながら。

ブルーノはアルゼンチンのブエノスアイレスで、映画やテレビドラマなんかのセットを作るフリーのデザイナーをしている。ナポリ出身の父を持つアルゼンチン人とイタリア人のハーフだからイタリア語もペラペラで、イタリア語・スペイン語・英語を好きにミックスして喋る私のよき話し相手であり、よき理解者でもあった。パッと見はさわやかな好青年で、何だったらモテる。外ではストレートな男子を演じることが多いけれど、私には最初からゲイ丸出しだった。

「あそこにいるブロンドのハンサム、誰？　いつチェックインしたの、どこの部屋？　超

タイプ！　あんた、なんで早く言わないのよ」

「ボクがさっきあげたインスタの写真に、あんたまだ〝いいね！〟つけてないでしょ。早くつけてよ、ケチ！」

「サンセット見に行くひと──っ？」

どうでもいいところに細かくて、掃除と皮肉を愛するロマンチストで、時々オトメ。そんな彼と私は妙に気が合った。

ホステルの客は圧倒的に、各国から来た20代のバックパッカーが多い。ボランティアはもちろん、レセプションをやっている社員も20代が中心で、満室になれば１００人近い若者がうようよする環境。自分より年上なのは通いの掃除係のマリアだけで、ここに住んでいる中では45歳の私が飛びぬけて最年長だった。オンリー、アイアム　ババア。やったね。

45っつったらどっかのＰＴＡの席にでも座ってたほうがいいんじゃないの？　と思うこともある。でも道端にしゃがんでピッツァを食うとか、海辺のお高いカフェには入らないで、スーパーで買ったビールを岩べりで飲むとか、上から下まで１ユーロの古着でまとめたコーディネートを自慢し合うとか、スラングを面白がって使うとか、自分にとって快適なことが彼らといると自然にできた。若い子とばっかりいるからこうなったのか、もともと安上がりにできているのか……。

ファッキンルームへようこそ！

とはいえ、やっぱり45歳だから、『ラ・コントローラ・ホステル』の若すぎるノリや環境への戸惑いもたびたびやってきた。常に若い〝あっち〟と、年相応な自分の〝こっち〟を行ったり来たり。

だいたい、与えられた部屋がひどすぎた。

どこだと思う？　答えはジャ――――ン、

「宿の隣にある、廃墟になった教会の中」

でした。住むとこが「廃墟」だぜ。ホームレスかよ。〝豪華〟すぎて泣ける。

教会の外観は荒れ果てたユーレイ屋敷。入口は封鎖されているんだけど、部屋は教会の屋根裏に近いところに作られていて、宿の2階のテラスから直接入れるようになっていた。警察の取り調べ室か小さな体育倉庫みたいなところに、無理やり2段ベッドを置いてみたっていう感じか。窓は小さな明かりとりひとつだけ。それも長い棒を使わないと開けられないほど高い位置にある〝監獄ウィンドウ〟で、だからといってそこから天使は舞い降りてこないし、キリスト様も聖母マリア様も昇天できない。だって、窓っていったって隣のアパートの屋内通路につながっているだけだから、空とのつながりはなし。毎朝、隣の住人たちの声で起こされた。

「マンマ——————ッ、やっぱりもう1回トイレ行ってきていい？　うんちがしたい」

「ジョン、お座り！　なんだこのバカ犬、そんなところ触るんじゃねーよ、こらッ！」

ナポリターノは世界うるさい人ランキング、ベスト10に入るに違いない。

しかもこの小屋にはトイレも水道もなし。使うように言われた「一番近いトイレ」はホステル内の女子トイレで、そこへ行くためにはいちいち3本の長いカギを持って、雨の日には傘まで差していくつもの扉を開けて……って、バカにしてんのかい！　っていうぐらいに遠かった。

ルームメイトは、このホステルのバーでバーテンダーをやっているエロイズというフランス人女性。彼女は33歳だから年齢的にも精神的にも少しは〝こっち寄り〟かと思いきや、全然〝あっち寄り〟のパリジェンヌだった。夜中に友達を連れてきて部屋の前で喋るし、タバコやら葉っぱの煙は部屋に入れるし、昼間はこっちが昼寝したい時間にフレンチラップをガンガンかけてメイクするし。

ある夜、部屋まで上着をとりに戻ったら、彼女が裸にバスタオルを巻いた状態で出てきて、

「わっ、わっ、何、エロイズ？　とり込み中？」

「うん。トモコ、ごめん。ちょっと男が来てるの」

って、本当にとり込み中かよ！

相手は、10日間の〝ピッツァ職人コース〟を受講しにナポリへ来ていたフランス人のちょっとイイ男だったから、

「エロイズ、やるじゃん！」

……って思わず言っちゃったけど、うらやましがっている場合か。『ビバリーヒルズ青春白書』じゃないんだから。こんな小屋での共同生活なのに男を連れ込むとか、本当カンベンして。

その夜、夜勤のスリランカ人、アントニーが教えてくれた。

「キミたちの部屋は〝ファッキンルーム〟って呼ばれてるんだ。昔はあそこ、誰も使ってなくて空いてたからね、若いボランティアの子たちが誰かとファックしたくなった時に緊急用として使ってたんだよ」

あの――――、いまもバリバリ、ファッキンルームなんですけど！　しかもその数日後には、週末バーテンダーのクリスからも、女とやりたいから部屋を1時間だけ空けてくれと頼み込まれて貸すハメになってしまった。も――――っ、イヤ！

ダニー泥酔事件

仕事もハードでオバサンは毎晩グッタリよ。だけど夜のゴミ捨てまで終わるとな――んでか元気が出てきて、いつもみんなと飲んでギャーギャー騒いでるんだよねー、気がつくと。

その夜、キッチンからバーに移動すると、社員でレセプション係のダニー（27）がベロベロに酔っ払っていた。ダニーは小っちゃくて、〝坊や〟みたいなスコットランド人で、いつも私とは「おぉ日本人のマンマ、愛してるぜ」「ああ私のかわいいスコティッシュ息子よ」とか言い合ってるんだけど、その日は酔いすぎているせいか、様子が変だった。

「ダニー、明日は朝8時からレセプションに座って仕事でしょ、もうやめたら？　今日帰るの？　泊まっていくなら、空きベッドはおさえた？」

「あはは、今日は泊まっていくよ。でももしツインとかが空いてても、トモコとだけはぜーったいお断りだな。あはは、ごめんね、ごめん。だってトモコは歳がいきすぎているよ、悪いけどオバサンとはヤレない。ババアはノーサンキュー。あはははは……」

あれれれれ――――、からまれてるのかしらー？

「あはは、こっちこそお断りよ、あんたみたいなガキ。なーんて冗談だけどさ。飲みすぎだよダニー。水飲む？」

するとダニーは、黒ぶちメガネの奥の目をギラッと光らせてやっさん（横山やすし）のごとく、下からニラみ上げてきた。いつもとはまるで別人の、怖い顔で。

「いいかトモコ、もう1回言ってやるよ。あんたは歳だ、年寄りだ！　若い俺たちに囲まれて勘違いしてるかもしれんけど、誰からも相手にされない超オバハンや、ババアや。更年期なのにこんなとこにいて、バッカじゃねーの？　お前は終わっとる、歳をとりすぎとる、あはははは……、あはははは……」

ダニーの目が据わっていた。

「ダニー、バスタ！（もう、おしまい）」

そう言ってダニーから離れた。なるべく冷静を装ったけれど、もうひとりの自分は回転式のピッツァカッターでゴリゴリと胸を刻まれているようだった（なんか言われたこと当たってるし！）。ほかにもダニーにブスだのデブだの言われたお客がいたらしく、怒る人、傷つく人、なだめるスタッフ、それでも乾杯、さらに乾杯……。夜中のバーと中庭は大騒ぎ。

「うるせ――――――――――っ！　バカ野郎！　眠れねーじゃねーか、静かにしやがれ！」

上層階に住む近所の住民が怒鳴り出した。こういう時、ナポリの人たちはゴミや紙切れも窓から投げてきたりするから、明日の朝はまた庭掃除だ。

ファッキンルームへ引き上げてベッドに横になってからも、その日は眠れなかった。へこむ、ってやつだ。

朝の天使たち

苦しい夜のあとにも朝はしっかりとやってきた。大好きな朝、いや、大キライな朝食当番が。

この宿の朝食はブッフェ式だった。朝食当番は、まだ暗い7時前に起きて10ユーロ札を握りしめ、フルーツを買いに行くところから始まる。当番は買ってきたフルーツをチョップしてフルーツサラダを作りつつ、ジャムやミューズリーやヨーグルトなんかがなくなればそのつど補充して、合間にひたすら使用済みの皿を洗う。今日は私だけのひとり態勢だった。客が増えてきて作業が追い付かなくなると、バーカウンターの中は切りかけのフルーツが散乱して、汚れた皿がどんどんたまっていく。なのに今朝ものん気なグループ客は、あれがないだのこれをくれだの、俺の今日のプランをきいてくれだの、好き放題に喋りかけてくるから、

「うおおおおお――――っ！」

と、マジで発狂5秒前。そんな時に、

「ブォンジョルノ、トモコ――――♪」

ブルーノがさわやかな足取りで階段を降りてきた。まさに〝降臨〟という感じでキラキラと。客室のベッドシーツの交換作業は11時からだから、ギリギリまで寝てればいいのに――ぃ♡　ブルーノはコーヒーを飲みながら、さっそく洗い物を手伝ってくれた。

そこへフランス人のアレクシスも現れた。

「おはようアレクシス。あれ、朝のランニング行ってたの？　それとも朝帰り？」

「へへへ。昨日デートだったんだ」

「えーっ、どーだった？　相手はなにじん？　何歳？　まずどこで会った？」

「写真見せて、見せて！　朝帰りってことはもちろん……？」

私とブルーノで、アレクシスを質問攻めにしながらだんだん楽しくなっていく朝のひと

とき。そのあとはふたりの男がパッパと手伝ってくれるから、朝食コーナーは魔法のように片付いていく。メルシー（仏）、グラッツィエ（伊）、グラシアス（西）、アリガトー――（日）！

朝っぱらから人を手伝うなんていうことができない私は、彼らがディナーの料理当番になった時に手伝おうとするんだけど、アレクシスなんていつも、

「もう手伝ってもらうことはないから大丈夫だよ。でも、もしヒマだったらそこに座ってビールでも飲みながら、僕の話し相手をしてくれるかな？」

なんて言うし。

かわい――――！♡

だんだんブルーノの気持ちが分かってきた。

アレクシスは背がちっちゃくて、かわいい感じなうえにいつもニコニコとみんなに笑顔をふりまいている。まだ学生だけど、中国から望遠鏡を買ってネットショップで転売するビジネスなんかもやっていて、次はウガンダで学校を作るボランティアに参加したいとか言ってはりきっている。

はりきるのは女の子に対してもそうで、

「いま、ベーカリーに行ったら、すっごくかわいい店員がいたんだ。笑顔がよくて、胸も

デカかった。明日も行って声かけてみよっと」

とか言って、とにかく毎日楽しそうで人生に対して前向きで、いきいきしてるのよ。って、息子自慢みたいだけど。

祝⁉　45歳ティンダー（出会い系）デビュー

待ち合わせの場所に行くと、その紳士は3分後に現れた。

「チャオ、ベッラ、トモコ！（こんにちは美人さん）」

べつに美人じゃなくても、イタリア、特にナポリではこれがフツーの、プライベートタイムの挨拶。言いながら軽くハグ。そしてさらに、

「わーぉ、美しい女性だ。お会いできて光栄だな」

これもフツー。この状況ならまず容姿をほめないと。

「チャオ！　こちらこそ、お会いできて光栄です」

……って、……って、……って、
挨拶返してる場合か。ち、ちがうじゃん、この人、このオッサン、プロフィールの写真

とぜんぜん違うじゃん、別人じゃ———ん！？？？

彼を一目見た瞬間に、脳内に巨大なクエスチョンマークが浮かんだ。

彼がマッチングアプリ、ティンダーのプロフィールに使っていた数点の写真は、遠い昔の、彼がまだスリムだった人生ピーク時の写真なんだろうか。いや、いや、面影なんかないよ。あの写真は単に、俳優か映画スターのものか？……やべっ、やられた？


ティンダーのことを教えてくれたのは、ホステルの仲間たちで、男子チームの前に一緒に働いていた女子たちからすすめられた。

「こういうアプリって、昔はセックス目的の変人だけがやるみたいなイメージがあったでしょ？　でもいまは違うから。日本だって、トモコが知らないだけできっとみんなやってるよ。友達作り、飲み仲間探し」

「軽く考えればいいのよ。期待はずれだったらコーヒー1杯飲んで帰る、そんだけ。ありがたいことに、イタリアのコーヒーは5秒で飲み終わるでしょ？　万が一、よっぽど変なやつだったとしても、待ち合わせを広場とか、人が多いところにすれば安全にサヨナラもできるし」

こんな調子ですすめられて、その場でプロフィール用の写真も撮ってもらってティンダーデビュー。メインの写真は、首からファッキンルームのカギ束をぶら下げてホステルのレセプションに座っているもので、そんな色気のかけらもないジャポネーゼ（日本人）〝TOMOKO（45）〟。

そうやって、アプリを見始めたらやめられなくなっちゃったんだよね、人様のプロフィールの閲覧が。だって、これだけプライバシーがどうこう言われている時代に、実在する男の名前と写真とプロフィールがじゃんじゃん出てきて見放題だなんて。それもタダで。

日本だとソーシャルネットワークでは匿名を使う人が多いけれど、こっちは90パーセントの人が本名だし、40代もガンガンいるし、医者とか会社経営者とかもじゃんじゃん顔を出して勤務先をアピールしているから見ごたえ十分。

イタリア男のいろんな顔、顔、顔。彼らの名前、職業、大学名、地名、自己紹介の書き方の傾向、スナップ写真から見えてくる流行りの旅行先、タトゥ男が多いナポリらしさ、鏡の前で自慢のボディをさらけ出す男の多さ、動物や子供との写真で好感度アップをはかる男……どんなガイドブックよりもイタリアが、ナポリという町の文化が見えてきて、こんなに面白いアプリがほかにあるかっていうぐらいびっくり。

そしてひとりひとりのプロフィールに対して「イエス」か「ノー」かタップしていって、マッチした相手と、話してみたければチャットへ進む。これも実在する人間との会話だから、イタリア語学習アプリなんかよりもよっぽど身につく。

数日前、マッチした男のひとりがあまりにも男前だったから、本当なのかウソなのか、一目だけでも見てみたくなった。紳士服のモデルみたいな雰囲気で、タイプっていうわけでもなかったけれど（よく言うよ！）、どこかのレストランのテラスで撮ったと思われる写真の笑顔も、海辺での写真もさわやかで感じがいい。この人、男前すぎるあまり、何かの間違いでシングルなのかも!?　舞い上がって、チャットのかみあわなさは気にならなかった。

「職業？　銀行員さ。銀行強盗はゴメンだけど、僕の青い瞳を使って、キミの心を奪うのは許してもらえるかい？　Hahahaha....」

こんな絶世の男前しか許されないようなコメントを書いてきた男が、いま、自分の目の前にいた。Hahahaha...

銀行員37歳というのは本当らしく、身なりはきちんとしていたけれどそれはそれでこっちとは釣りあわず、特にトークが面白いとかでもなく、太ったペンギンという印象しかなかった。百歩譲って写真と同一人物だとしても体重は20キロは違っているはずだ。バツイチで、カフェに入るや自宅（豪邸）で撮った娘さんの写真も見せてくれたけれど、こっちの人生に興味を示す様子はまったくなく、なのに「週末アマルフィの自宅で一緒に過ごそう」とそればかり言ってきたエロペンギン。

「仕事があるから、もうホステルに戻らなきゃ！」

入店から7分後、彼に撤収をうながした。そこで飲んだコーヒーはハッとするほどおいしく、いい店を発見できたのだけは儲けもの。それから地下鉄の階段口まで、2分ぐらい一緒に歩いて別れの挨拶をした。悪くない、合計9分のイタリア語レッスン。時間のムダは最小限におさえた。するとペンギンは、

「日本人の女性にキスをしたことがないんだ。ちょっといいかい？」

くちびるをとがらせて近づけてきた。

「ノ――――ッ！　じゃ、私、行きますから。チャオ！」

素早くかわして走り去り、地下鉄の階段にもぐり込んだとさ。チャンチャン♪

雨ニモゴミニモ負ケズ

「ははは、それは残念なティンダーデビューだったねトモコ。ダメだよ、会う前にインスタグラムとかも交換してもっと写真を見ないと。でもこれに懲りず、もうひとりぐらい

には会ってみてほしいな。今度はもうちょっと若いキュート・ボーイに」

ブルーノが夜のゴミ出しを手伝ってくれた。ショッピングカートに山積みされた1日のゴミを、慎重に押して通りまで捨てに行く仕事。

「ダニーにバカにされたり、ティンダーやったり、あたし、45歳なのにこんなとこで何やってんだろうと思ってさー」

こんなことをグチられても若い彼らにはピンと来ないかもしれないけれど、特にブルーノとアレクシスにはなんでも話すことができた。

「ところでトモコ、カナダ人の女の子に、ボクがゲイだってこと言ったでしょう?」

え? ふいにきかれて動揺した。

「あぁ、昨日私たちの横で飲んでたメガネの彼女? きかれたからそうだよ、って答えちゃったけど……」

「あたたた――(ため息)。あのねー、ボクの個人的なセクシュアリティを勝手にバラさないでくれる? ゲイだってことを隠すつもりはない。だからホステルでも声をひそめたりしないよ。まぁ、アルゼンチンの一部の親戚には隠してるけど……でも、わざわざ自分からゲイだって言ったり、人に情報としてそれだけを添えられたりするのがイヤなんだ。〝初めまして。ボクはゲイです〟って変でしょ? 〝作家のトモコさんです〟じゃなくて

〝レズビアンではない、トモコさんです〟って紹介されたら変な気分にならない？　人がボクのことをどう解釈しようがかまわないけど、こっちからは言いたくない、言わない主義なんだ」

いつもとは違う、ブルーノのまなざしから真剣さが伝わってきた。

「そっか。ごめんごめん。分かるよ」

ブルーノがホステルに来る前にいた、プエルトリコ人のゲイ男子は、「自分からゲイだってアピールしていかないと、女にモテて困るんだ」と言って、自分からしょっちゅうお客にカミングアウトしていた。でもそういうのって、ひとりひとり違うもんね。

「それからボクはね、ゲイだってバレるまでのあいだ、ストレートな男を演じるのも好きなんだよ。キレイな女の子とかを困惑させたりして、自分だけのゲームっていうかね。ちょっとはミステリアスでいさせてくれよ、あはははは」

笑いを加えて話をマイルドにしてくれたけれど、ブルーノの困惑と苛立ちは見てとれた。ああ、鈍感な自分が情けない。彼はいまや、私の歯にバジリコがはさまっていたって絶対に教えてくれる、信用できる友達なのだ。大事な友達のこと、ちゃんと分かってあげないと。口をつつしめ、このお喋り女！

少しだけ気まずい雰囲気になったけれど、敷地を出て通りに出ると今度は別の問題が待っていた。夜の10時前だというのに車もバイクもひっきりなしに走っていて、いつも以上の交通量だったのだ。

「あぁナポリ、あぁナポリ……」

激しい交通量にふたりでガク然とした。パラパラと小雨も降っている。こんな危ない通りを、重いカートを押して横断させるなんて、つくづくおそろしいホステルだよ。この仕事をひとりでやる時は、遠回りだけど信号と横断歩道を使う。それでもナポリのドライバーたちは信号を守らないから、青信号を何度も見送るし、いざ青になっても時間内に渡りきれるか心配でヒヤヒヤさせられる。

しかしブルーノはフーッと息を吐くと何かを決意したように、

「バモス！（行くぞ！）」

とスペイン語で言った。

えっ、隊長、いま、行くんスカ？　横断歩道使わないんスカ？

ブルーノは、行きかう車をニラみつけ、カートを大胆に押し出した。おそるおそる、その後ろをついていく日本人。

ブルーノは手をあげて、車に向かって叫び出した。

「おーーい、信号守れよナポリターノ。止まりやがれーーー、このイホ・デ・プータ！

(売春婦の息子め)」

「イホ・デ・プータ！」

私はスラング部分だけを復唱した。まるで親分とペーペーだ。

「何だよ走りやがって、トマ・ポル・クーロ！(ケツナメ野郎)」

「トマ・ポル・クーロ！」

「コーニョ！(コノヤロー！)　止まれったら止まれよ！」

「コ――ニョ――ッ！」

コーニョは直訳すると女性器だ。あー爽快、快感、こんな言葉を大声で叫べるなんて。

車が少し減ってくると、後半はふたりで小走りした。

「オ・ディオ、オ・ディオ、マンマ・ミーア！(神よ、神よ、なんてこった)」

と言いながら、何とか向こう側へ到着。

「ひ――っ、怖かった。でも堂々と行けば意外と車は止まってくれるもんだね、ありがとうブルーノ。あんたいま、ちょっとかっこよかったよ。こないだみんなでガイオーラの海へ行った時、木に登ってレモンをとってくれた時も思ったけど、あんたって時々男らしくなるよね？」

「あはははは……。でしょ？　ボク男だも――ん」

私たちは小雨に打たれながら笑った。収集ボックスの前に立つと今度は1袋ずつゴミ袋を投げ込む。ワレモノは重いから気合を入れて。

「それ――――っ！」

「えいや――――っ！」

手は汚れ、足に袋の中のビールがひっかかった。「ホデール！（まったく！）」。でもなんだかスッキリ。

ぶっ倒れた正月

ナポリには大晦日《おおみそか》の夜に、家の中で不要になった家具を窓から外にぶん投げるという、おそろしい習慣がある。

夜10時前後は危ないから外に出ないほうがいいよと言われていたけれど、それよりも、市民たちが道端で上げる花火のほうが怖かった。住宅街はウソみたいに静まり返って煙だけがたち込め、予期しないところから花火がビュンビュンと飛び出していた。

「わ――――、ここは戦場か！」

そう言いながらみんなで腰をかがめて走った2017年の大晦日。海辺に浮かぶ城の上空に打ち上げられた大花火を見て、ゴミだらけの町を歩いて帰りついたのは午前2時。ホステルのバーは盛り上がっていて、さらに飲んで、歌って踊った。

「ハッピーニューイヤー！　ここでみんなと一緒に新年を迎えられることが嬉しい。幸せだ――！」

何度も言い合ってハグをした。本当に幸せだった。

ところが元日の朝。年末年始の疲れが出たのか、私もぶん投げられた家具のようにヘタッてしまった。シーツ交換の仕事を終えると、頭痛と寒気がしてきて立っていられなくなった。

やさしい弟たちがその夜や翌朝の仕事の交代を申し出てくれたけれど、誰かに交代してもらったところで、その次に来る休日がつぶれるだけだから、そのまま突っ走った。

冬のファッキンルームは底冷えのする監獄だ。2段ベッドの下段で寝ているエロイズは寒くないと言ってたけれど、上段で寝ている病人の私は、床に置かれた首振り電気ストーブの熱で、体をあたためられたり冷やされたりして、変な汗と鳥肌が交互にやってきた。はるか遠くのトイレへ行くのもおっくうで、布団の中で関節の痛みに耐えながら1晩中せきをしていた。風邪かインフルエンザか、もうなんでもいいけど苦しい。ゴホッ、ゴホッ……。

鹿児島の父には2日の昼に仕事が終わってから新年の挨拶電話をした。

ひとしきり近況を報告し合ったあとで父にきかれた。

「お前、そーゆー住み込みボランティアの仕事もいいかもしれないけど、いったいいくつまでやるつもりなんだ？　ばーさんになってもできるのか？　一生、そうやって暮らしていけるわけでもないだろう？」

その時、なぜかポロポロと涙がこぼれてきた。

父とケンカしているわけでもなく、普通に話していて涙が出てくるなんてはじめてのことだった。病んでいるというのに空気の悪いファッキンルームで熱にうかされ、それでも働くしかなく、ダニー泥酔事件以来の後ろ向きモードに浸っていた。もうすぐ1月8日の母の命日だなと、死ぬ直前の母のことなんかも思い出していた。それも久しぶりに、思い出したくないハードな闘病シーンばかりが出てきた。なぜ母は死んだのか。なんで死んだんだよぅ……。

そんな状態だったから、父の声をきいた瞬間うわっと泣いてしまったんだと思う、子供みたいに。体が弱る↓　気持ちも弱る↓　涙腺ゆるむ。ガタンときたね。

その高熱2日目の夜のこと。

キッチンでフラフラになりながら料理当番をこなしていたら、カウンターに座っていた女性客と目が合った。

「あれ？　どこだっけ？　どこかで会いましたよね？　あ――……！」

思い出した。2015年の夏にアリーナといたアルベルゲで会って、翌年の夏にはグラニョンのアルベルゲで再会したスペイン人のペレグリーナだった。そんな彼女とナポリでまた再会するなんて。3つの宿で会うなんて、ボランティアも長くやっているといろんなことがあるものだわ。

なーんて思っていたらその翌日。今度は日本人のサオリさんという女性客に、

「ワークアウェイやってるんですか？」

ときかれた。欧米の客にはよくきかれるけれど、日本人にはまだあまりボランティア検索サイト〝ワークアウェイ〟の存在は知られていない。ところがオーストラリアで小学校の先生をしていて英語はもちろん、スペイン語もOKの彼女は、

「私もやっていたんですワークアウェイ。モロッコで」

と言うじゃないの。はじめて会った、自分以外の日本人ワークアウェイ経験者。

「えっ、どこでやってたの？　何のボランティア？」

「モロッコの、ここよりは小さいけどホステルで！」

「えっ、えっ、えっ……」

頭はポーッとしていたけれど、まさかの偶然への期待で胸がわくわく。

「待って、待って、待って！　モロッコならあたし住んでたことあるんだ。どこの町？」

「アシラの、ミア・ホステルズってとこだけど」

「ぎゃ――――っ！　あたしもあそこで働いたよ。香港人のカップルとイエローモンキーズってトリオ組んで。ヘフェ（ボス）、クビは元気だった？」

「え――――っ、じゃあひょっとして、まさかあなたが、クビたちがいっつも話してた〝トモコさん〟？」

「シ――！（はい）」

まさかナポリで、約2年ぶりに〝クビトーク〟に花が咲くなんて思いもしなかったよ、アクチュアリー！

驚きの再会が続いた高熱ウィーク。5日間、空き時間はただじっとベッドに横たわっていた。Ｗｉ－Ｆｉが入らないファッキン監獄ルームでは、スマホをいじるでもなく、シミだらけの天井を眺めるのに飽きてくると、時々枕元に置いたノートとペンを見つめていた。トスカーナの巡礼宿で「書いてもらいたい」というあたたかい言葉とともにもらったプレゼント。日記帳にしているけれど、最近はそれもすっかりサボり気味……。

父にきかれた今後についての言葉が頭に浮かぶ。考えてみたら、1年近く執筆らしい執筆をしていなかった。

リアルライフ

1月のある夜、金髪ジェラルドがノルウェーへ帰ると言い出した。彼はここへ来る前にいたネパールで、ヒマラヤトレッキング中に高山病にかかってしまい、さらには運悪く悪徳業者にもつかまってしまって法外な入院費を請求されて、逃げるようにイタリアへ飛んできていた。

「とにかく早く金を稼ぎたいんだよ。言ったっけ？　俺、みなしごだったんだけど、生まれてすぐに高齢の義両親に養子縁組してもらって、すご――くよく育ててもらった幸せ者なんだ。彼らは命の恩人なんだよ。なのに今回ネパールでバカやって、悪徳業者への金を一部親に立て替えてもらっただろ？　ナポリではもう十分楽しんだから、そろそろ国へ帰って、アルバイトしなきゃ」

20歳の青年の事情だった。

するとブルーノも帰国すると言い出した。

夕方の散歩道。ブルーノと私は長い階段を下ってモンテサントという下町エリアに向かっていた。

「ボクもお金がなくなってきたし、そろそろ家族のことも気になってきたからアルゼンチンに帰ろうと思って。ブエノスアイレスの家を引き払って、実家のサルタに帰るよ」

ブルーノには重度障害者のお兄ちゃんがいる。生まれつきの全身マヒで歩くことができず、車椅子で生活している35歳のお兄ちゃん。言葉の発声は少ししかできないから、家族との意思の疎通はパソコンに文字を入力してやっている。頭にヘッドセットみたいなものをつけて、そこから伸びた棒でパソコンのキーボードをたたいている彼の写真を「すごいだろ、ボクの兄ちゃん！」と言って見せてくれたことがある。お兄ちゃんの面倒は昔からお母さんがひとりで見ていて、お父さんは手伝うどころか、お母さんをこき使ってばかりいるのだと嘆いていた。ブルーノはそんなお母さんとよくスカイプで話していた。いい息子なのだ。

「兄ちゃんの体が将来的にどうなっていくか、実はボクたち家族にも分からないんだ。余命なんてもう何十年も前に言われたこともあるし。でもとにかく、このまま母さんひとりに全部を押し付けるわけにはいかないし、ボクの兄ちゃんだからね」

働きざかりの30歳の男子が、都会生活をあきらめて、家族のために田舎へ帰ろうとしていた。

「舞台デザイナーの仕事は、一生の仕事って思ってたわけじゃないから、それはいいんだ。自分でカフェとかバーをやるのはどうかなと思うこともある。もちろんゲイ大歓迎の店だよ。田舎だから、ゲイに対してそれほどオープンじゃないけど、だからこそ挑戦してみたいんだ。ゲイ歓迎、キュート・ボーイ大歓迎のかっこいい店。〝カフェ・ペレグリーノ〟なんてどーかな？」

「あはは、いいね、カフェ・ペレグリーノ！」

「ペレグリーノ」は、お客の前で話す時のゲイの隠語として私たちのあいだで使っていた言葉だった。いつも冗談を言ってみんなを笑わせて、「キュート・ボーイ」に夢中なブルーノも、ちゃんと家族のこととか人生についてとか、考えてるんだねー。

「トモコはこれからどうするの？」

きき返されて、ムムッ……。

「うーん、私もそろそろ帰国かな。毎年冬は日本に帰るようにしてるからね。1年のうち、トータルで1か月は鹿児島の父のところにいて、残り2か月は出稼ぎっていうのがパターンなんだけど、今年はどうしよっかな」

そのあと、ビールが飲みたくなって彼のもとを離れた。そして買った瓶ビールを飲みながら戻ってくると、彼の顔が青ざめていた。どーした、ブルーノ？

「くそっ、スマホ盗られた！」

雑踏の中、気がついたら上着のポケットに入れておいたアイフォーンがなくなっていたらしい。あーあ。

夜はブルーノをなぐさめる会。

「もー――――――っ、アイフォーンを盗られたことよりも、中に入ってた写真がなくなったことが本当に本当に悔しい。みんな、ここで撮った写真、全部送ってよね、ぜんぶだよ。男子は裸の写真も送ってくれたらタダで******してあげる！」

「こらっ、ブルーノ！」

お叱りを入れていたら、この夜はアレクシスから意外なお知らせがあった。

「実は僕、今日、フェイスブックもツイッターも、インスタグラムも全部やめたんだ。さっき全部アカウントを抹消してアプリも消した。ワサップだけ残したから、みんなこれから、僕への連絡はワサップにしてね」

「はっ？」「なんで？」「どーしたの？」

全員でびっくり。

アレクシスの事情はこうだった。

先週、ナポリのあとに行く予定のウガンダのボランティア先に関する情報を、フェイスブックに投稿した。秘境での学校建設プロジェクトで、その募金が目的だったんだけれど、多くの「友達」が〝いいね！〟をクリックしたりシェアしてくれたりしたものの、誰からも1セントの募金も入っていなかったというのだ。そのことがショックだったらしい。

「ソーシャルネットワークなんて、ただのクリックごっこだよ。そんなものだけでつながってるやつらなんてもう友達じゃない。そんなものに期待して時間をさくより、僕は現実の友達を大事にしたいって思ったんだ。いまこうしてキミたちと喋ってるみたいに、大事なのは現実のソーシャルライフだよ。ティンダーももう消したから」

「え――――っ、ティンダーまでやめるの――――？？？」

アレクシスだってブルーノと同じぐらい、週に2、3回はティンダーデートをしているティンダーキャプテンだったのに。なんだよ！　言ってることはごもっともだけど、なんか気にくわねぇ！

「今日のジムの帰りに、またベーカリーへ行って例のお気に入りの子に〝チャオ！〟って声かけたんだ。今日は名前をきいた。彼女の名前はミケラ。別にミケラとのデートにこぎつけたわけじゃないけど、やっぱり喋るとまたかわいくてさ。これこそリアルライフだなって思ったんだ。いままで、ティンダーでもかわいい子にいっぱい会ったけど、結局続いてる子っていないし、やっぱりスマホばっかり見てるって不健康だと思うんだよね。キミたちとだって、ティンダーで出会ったわけじゃないだろ？　このホステルで、リアルライフで友達になったんじゃないか！　僕はもう、人の第一印象をスマホの中の写真で決めたくないんだよ。これからは、かわいい子には直接声をかけることにするよ。〝チャオ！〟って」

「何が〝チャオ〟だよ、キレイごと言いやがって――――」

「カッツォ（チンポ野郎）、アレクシス！」

「ブー、ブー、ブ――――！」

「バッファンクーロ、アレクシス！」

全員で人差し指を下向きにして大ブーイング。

「あははは、でもマジで、〝なりたい男〟ってのをイメージしてみたんだよ。僕がなりたい男って、ティンダーにしがみついてる男じゃないんだよね」

何が「なりたい男」だよアレクシス！

「あんた、何かの宗教にでもハマったのかい？」

「あはは、そんなことないよトモコ。でも、ブルーノもスマホを失くしたんならこの機会にティンダーもグラインダー（ゲイ専用出会いアプリ）もやめてみることをおすすめするよ。すごくスッキリするよ。第一、そんなアプリに翻弄されるには、ブルーノはステキすぎる、かっこよすぎるんだよ。分かる？　みんなもだよ」

急にほめられたブルーノは目をハート型にして、口をカパッと開けた。あんぐり！　あははは、この口の中に〝でん六豆〟でも放り込んでやりたいわ。そしてそのままうっとりとアレクシスを見つめて、切ない思いに首をふりながら下くちびるをかみしめた。ティンダーでつながっている男たちから連絡があるかもしれないから、明日新しいスマホを買いに行かなきゃとか言ってたくせに。

それにしても、「リアルライフ」ねぇ……。「チャオ」ねぇ……。

アレクシス・ALEXIS

「あー、帰りたくねぇ！」

2月の帰国を決心してからというもの、毎日、ため息ばかりついていた。だって、こんなにナポリという町にホレ込んでしまった状態でお別れだなんて……。

海は青く、海に浮かぶ〝カステルデローヴォ（卵城）〟という名の城は美しく、火山は休火山だが人々はアツイ。食べ物もアツく、何を食べてもウナ・ボンバ。世界でここよりうまいコーヒーが飲める町を、私は知らない。こんなにホレ込んでしまったのは、ベスビオ火山にそっくりな桜島を見て育ったせいもあるのだろうか。ナポリを旅立つ前日、シーツ交換の仕事が終わるとアレクシスが午後のお出かけに付き合ってくれた。最後のデート♪町はずれの半島の先にあるヴィルジリアーノ公園へ行こうと、バス停へ向かって歩いていた。途中のスタンドで、ピッツァスライスを買って、食べ歩きしながら。

「トモコ、そんな沈んだ声を出すんじゃないよ」

「だって、ナポリとも、みんなともお別れだと思うと淋しくて。せっかくこんなに友達になったのにさ。ホステルだって、なんかもう自分の家みたいな気がするし」

「淋しいなんて言ったら僕たちはどうなるんだよ。明日からトモコのいないラ・コントローラ・ホステルになって、そこに僕らは残らなきゃいけないんだよ。ブルーノだってジェラルドだって来週にはいなくなっちゃうし。でも、僕たち、きっとまた会える。そう信じて、いまから再会を楽しみにしようよ」

「うん、そうだね。でもあたしの帰国ブルーはさ、自分の国へ帰るわくわくもないから余計に重いっていうかね。帰ってももう母ちゃんもいないし、日本に自分が落ち着ける場所があるわけでもないから」

「ダメだよ、そんなこと考えちゃ。いまがどんだけラッキーかを考えてごらんよ。まず、カゴシマはナポリにそっくりな姉妹都市で、なおかつスシもラーメンも食べられるんだろ？　うらやましい。それに今回のイタリアン・イヤーでは、運命の町ナポリに出会えたんじゃないか。80か国近く旅してやっと見つけた、キミの居場所。ティンダー運はなかったかもしれないけど、ナポリという町に全身全霊で恋したんじゃないか。そのラッキーなオーラを、日本でまた別の新しいラッキーに両替してくるんだ。きっとできる。トモコの未来は明るいよ。ラ・ヴィタ・エ・ベッラ！（人生は素晴らしい）」

「なんだって？」

「ラ・ヴィタ・エ・ベッラ！（人生は素晴らしい）」

英語とスペイン語で喋っていたくせに、そこだけイタリア語で言うアレクシス。

「フン、映画のタイトルみたいなこと言いやがって。家もない、男もない、あるのは白髪とシワばかり」

そんな綾小路きみまろみたいなことを25歳にはき出しながらも、こんなキラキラした言葉を引っぱり出してくれるアレクシスって、やっぱり何かの宗教にとりつかれているのかなと思った。いやもとい、「やさしいな、最高だな」と思った。

「アレクシス、私の運命の町がナポリだったら嬉しいけどさ、最近それとは別に、住む場所を一生定めない、自分みたいな人がたまにはいてもいいんじゃないかって気もしてきたんだ」

「それもそうだね。キミにはいまみたいなユニークな生き方のほうが向いていそうだから、居場所とかゴールとか、考えなくてもいいのかもしれない。だいたい、1か月で出ていこうと思っていたホステルに、4か月以上もいたんだろ？　トモコには苦手な場所を面白くする才能があるんだよ。だから今回の帰国でもきっと何か面白いアイディアが見つかるって。それに第一、キミは健康だ。僕も健康だ。そしていま僕たちが食べているこのナスのピッツァはたった70セントなのにこんなにうまい。こんなに幸せなことがあるかよ、ラ・ヴィタ・エ・ベッラ！」

そんなふうに言われると、だんだん人生は素晴らしいんじゃないかという気がしてきた。

ところがどっこい！

そんなシアワセ気分にひたっていい感じにまとめに入っていたのもつかの間、このあと乗り込んだバスの中で、私たちはつかまってしまった。乗車前にバスのチケットを買おうにも、開いているキオスクがどこにも見当たらなかったからそのまま乗り込んでしまったんです、ゴメンナサイ！　事情を話して現金で払うつもりが、その前に検札官が乗り込んできて速攻アウト。係のおじさん2名に15分ぐらいこってりしぼられて、罰金支払い用紙を渡されて終点で降りた。

「あーあ、本当に、ラ・ヴィタ・エ・ベッラ！（人生は素晴らしい）」

今度は皮肉200パーセントをこめて言った、ため息とともに。

なのにアレクシス坊ちゃんときたらまたまた、目を輝かせて言うではないか。

「うん、その通りだトモコ、いい調子だ。僕たちはいま、あのクソバスから解放された。もうあの、全世界の不幸を背負ったみたいな係員のジジイもいない。あぁ、外の空気は気持ちがいいね。見て、海だよ！　今日はこんなに天気がいい、ベスビオ火山もくっきり見える。最高じゃん。これ以上、あと何がお望みなの？　そうだ、ビールを買いに行かなきや。ラ・ヴィタ・エ・ベッラ！」

も――――っ、アレクシスに完敗、そして乾杯♡　「見て、海だよ！」……なんてハッピーな、素晴らしい男なんだろうか。あと20歳若かったら絶対にプロポーズしている！

到着したヴィルジリアーノ公園からの眺めは「ベッラ（美しい）」という言葉だけでは足りないほど美しかった。

平日でほとんど人はいなく、公園は平和そのもの。ベスビオ火山はもちろん、カプリ島やイスキア島、ずっと遠くのアマルフィ海岸も見渡せた。崖の下には、小さな黄色い花がたくさん咲いて風に揺れていた。日差しは2月とは思えないほどあたたかく、私たちは芝生の上にシートを敷いて1時間近くシエスタ（お昼寝）タイム。ふたりで寝転んで、空を見上げながら鳥のさえずりをきいていた。

「あ、マリポサ……」

そこにひらひらと舞い降りてきた白い蝶を見て、つぶやいた。マリポサ（mariposa）はスペイン語で蝶のことだ。2月だというのに、蝶？　ちなみにイタリア語で蝶はファルファッラだけど、これだけは私の場合、いつもスペイン語で頭に浮かぶし、つぶやきもする。アレクシスもマリポサという単語を知っていた。知っているどころか、

「知ってる？　マリポサって、スペイン語だけど、イタリア語にもなるんだよ。マリポサをふたつに区切ったら、きこえないかい？　〝マ、リポサ〟！」

そこではじめて気がついた。イタリア語の〝マ、リポサ（ma,riposa)〟。

「あっ！　〝まぁ、休めや〟〝でも、ひと息入れようよ〟って意味になる」

「そうそう。だからマリポサ（蝶）が来たらね、ひと休みするんだよ。さぁ、昼寝、昼寝♪」

ナポリのマリポサ（蝶）～'Mariposa' di Napoli

顔にかぶせたパーカーのすき間から空を仰ぐと、白い雲が気持ちよさそうに泳いでいた。それを眺めながら考えていた。

自分のヴィタ（人生）。

この住み込みボランティア生活は、やろうと思えばあと5年、10年ぐらいは続けられるかもしれない。収入がなくても、毎年日本で住み込みの〝リゾバ〟を2、3か月もやれば、使った分はとり戻せるし。

でも、そこそこ楽しく、好きな土地で食べていければいつまでもそれでいいのだろうか……。

うとうとしてから目を開けると、さっきと同じ蝶なのか、白い蝶がまた私たちのまわりでひらひらと踊っていた。

蝶よ、マリポサよ、お前はいいな、日本に帰らないでナポリの春も見れるなんて。……あっ、ひょっとしてこれ、……まりぽ？

まりぽ、というのは死んだ母のあだ名だった。

少し恥ずかしい告白。

いつの頃からか、たぶん冬のカミーノを歩いた時ぐらいからだと思うけど、時々、うますぎるタイミングで自分の前にマリポサ（蝶）が現れると、母のイメージと重ねるようになった。

マリポサと、母まりぽ。

まり子という名前の母は、孫や私たちから「まりぽ」と呼ばれていて響きが似ているというだけなんだけれど。ふとした瞬間に、というか何か迷っている時とか、そろそろ会いたいなと思っている頃に絶妙のタイミングですべり込んでくる蝶を見ると、それはもしかしたら母なのかもしれないと思うようになった（あれ、スピ？）。

そのマリポサが、「まぁ、休めや！」(ma,riposa!) という意味のイタリア語にも似ていることをいま知るなんて、なんだかつながってるのかな、いろいろと。

母まりぽがいまここにいたら「ちょっと、ここらでひと休みすれば？」と言うのかもしれない。そしてこう言ってくれるんじゃないだろうか。

「45歳なのに、外国のホステルで若い子たちと暮らして、住み込みボランティアをして生きるなんて。変わってるけど、あんたらしいね」

母からあまりストレートにほめられた記憶はない。東京生まれの母は、私の行動や生き方をよく「あんたもよくやるよね」とか「ちょっと変わってんな」という江戸っ子らしい言葉で表現した。それが大人になって、雑誌の投稿からライターになったり長い旅をしたりするようになると、「あんたらしい」と言われるようになって、その言葉から、母の愛みたいなものを感じていた。少し笑いとテレがまざった愛、のようなもの。アモーレ。

死んじゃったから、もうまりぽの意見はきくことはできない。でも、いまのこんな細々とした生き方にも、母は「あんたらしい」と言ってくれるんじゃないだろうか。

じゃあ、もっとまりぽに「あんたらしい」って言ってもらえる道ってどこだろう？　それをこれから探すべな。

「アレクシス、さっききかれた今後の〝アイディア〟だけどさ。あたしいつか、カゴシマとナポリを……」

ふと思いついたことを言いかけたけれど、アレクシスは熟睡してるみたいだった。どーでもいーけど、もしまりぽが独身でいまの時代に生きていたとしても、まりぽはテインダーとかはやらないだろーなー。やめるかなー、ティンダー……。

夕方、ホステルに戻ると、さっそくバス叱られ事件のことをみんなに報告した。

「あははは、アホだねーお前たち」

みんなにウケて、まんざらでもない私とアレクシス。公園で撮った2ショットのセルフィーも見せびらかすと「カップルみたいじゃん」と言われてますます調子に乗る083-45（オバサン45）。

「エヘヘ、親子じゃなくてカップルに見える？　バス叱られ事件はさんざんだったけど、でもこの公園、すごいキレイでしょう？　芝生の上にアレクシスとふたりで並んで、昼寝もしたんだよ。ちょっとロマンチックだったよね、何もしなかったけど」

「ははは。うん、僕も思った。確かにロマンチックだった、何もしなかったけど」

するとブルーノが、

「え――――、ずる――い！」

と下くちびるをかみながら言った。

ラ・ヴィタ・エ・ベッラ！　La vita é bella!

LA CONTRORA HOSTEL NAPLES オールスターズ。みんなありがとう♡

ボンバ――ッ！　ピザのせいで体重４キロ増！（泣）

information

『ラ・コントローラ・ホステル・ナポリ』
LA CONTRORA HOSTEL NAPLES

ナポリ
（カンパーニャ州、イタリア）

宿のタイプ	バックパッカー、旅行者向けホステル
期間	2017年9月26日〜2018年2月5日 （4か月と10日）
ベッド数	90
宿泊料	ドミトリーひとり13ユーロ〜 （朝食込み）
おもな仕事	朝食の世話、シーツ交換、買い物、 夕食調理、トイレ掃除、ゴミ捨て
労働時間	7：00〜22：00（平均1日5時間）
休日	週2日
寝床	ファッキンルーム2人房。 交渉後、客室ドミトリーへ移動
食事	朝食、夕食、ほか食材支給

※表記した宿の情報は筆者が滞在した当時のものです。

あとがき

ボランティアを終えてから今日まで

〝……あ、この体験を文章にまとめよう！〟

はっきり意識したのは、ナポリでの生活を終えて日本へ帰る飛行機の中でだった。ついにこの時がきたかと思うと、ドキドキした。心臓がバクバク鳴り出して、でもなんだかめでたい気分にもなってワインのおかわりを頼んだ。

何軒もの宿で働きながら「いつかこの経験を書けたら」とは思っていたけれど、日本の出版業界からどんどん遠ざかっていくばかりで、何をどうやって働きかけたらいいのか分からなかった。でも12軒（ここに収録した11軒と、ラマダン期でほとんどお客がいなかったモロッコの秘境宿1軒）で、働き終えたところでやっとピントが合った。いまだ！

鹿児島の実家に戻ってから、ダメ元で、前作『カミーノ！　女ひとりスペイン巡礼、900キロ徒歩の旅』（2013年発売）でお世話になった幻冬舎さんに電話をした。ずいぶん久しぶりに「ライターの森と申しますが」と、日本語で言いながらまた心臓がバクバクした。

その電話がこの本につながってくれた。


執筆の前半は、鹿児島から中国の雲南省へ飛んで、大理という町に部屋を借りてやった。父が暮らす鹿児島の実家には荷物を置かせてもらっているけれど、間取り的に長期の居候は難しい。でもそのおかげで一時帰国といいながら、安い部屋を求めて近場の外国へ脱出したり、日本では部屋つきの〝リゾバ〟ことリゾートバイトの世界を見たりすることができると思えば悪くない。

はじめて行った雲南省は永住したいと思えるほど気に入った。自然も気候も食べ物も人々も、もう全部ベタ惚れして、ピッツァもモッツァレラチーズもナポリもどうでもよくなりかけた。

しか――――し、5月になるとやっぱりイタリアへ戻るチケットを捨てるわけにもいかず、ふたたびイタリアへ。心のふるさとナポリへ直帰して、お世話になった『ラ・コントローラ・ホステル』に顔を出した。

「トモコさんおかえり！　もう、住み込みのボランティアはやってくれないの？　だったら週末だけでいいから、ここでバーテンダーのアルバイトをやってみない？」

ナポリで執筆をするという私に、ホステルはこんなオファーをくれたのだった。わ、わてがバーテンダー？　バーテンダーって柄じゃないでしょ？　と思ったけれど、やってみようじゃないの、やらせてもらえるのなら！

まさか自分がナポリでバーテンダーをやる日がくるなんて、テレビ雑誌の編集部で徹夜ばかりしていたあの頃には想像だにしなかったよ。オバサンバーテンダー、略してオバテンダー、上等！

かつて朝食当番の時に入っていたカウンターにふたたび入って、今度は夜のバーテンダーとして宿泊客たちに酒を出した。客にレシピを見てるのがバレバレの状態で長い名前のカクテルを作り、でも高い酒をこぼしたことはバレないように注意を払って、氷を割ったり、皿やグラスを割ったりしてひと夏奮闘。おつりも間違えまくってひどいものだったけれど、おかげでまた新しいスタッフたちとも友達になった。みんなで海や山へも繰り出して〝ナポリ愛〟も再燃。オバテンダー45のアツイ夏だった。

住んでいたアパートはホステルの近くだったから、バーテンダーの夏が終わっても、まるで実家のようにホステルを利用した。夜中に誰かと喋りたくなれば行く、誰かの誕生日にはかけつける、必要な生活用品を借りに行く、もらいに行く、差し入れに行く、クリスマスも年末ももちろんホステル。気がつけば自分が一番リラックスできる〝居場所〟になっていた。

ナポリで再会

ナポリにいるあいだに、かつての仲間が遊びに来てくれた。〝相手の親の命日が自分の誕生日〟つながりのラウラ、女子力が高い筋肉おじさんパスクアレ、「ファッピー」のリカルド……。

アルバニアにいた時は、「絵に描いた庭」ことエバ（絵庭）もスペインから飛んできてくれたし、イタリアのサルデーニャ島へは私のほうから飛んでいって、アリーナ先生の実家（カタツムリグッズだらけ！）にお世話になった。中国雲南省へ行った帰りには香港へ寄って、サラとケンジが買い取ってクルーズビジネスを始めた船の上でイエローモンキーズ同窓会。

アルゼンチンのブルーノだけが遠くて簡単には会いに行けないけれど、ブエノスアイレスで働く彼とは、いまも毎日のようにワサップで喋っている。私とブルーノの「キュート・ボーイ」探しは続く。

そして2019年、「大ちゃん」ことあの長田大三郎さんと、彼主演のドキュメンタリー作品を見に、リンデン監督が住む韓国のチェジュ島へ行こうと計画中。さらに今年こそ絶対に会いに行こうと思っているのが、スペインのソフィアばーちゃんのところだ。諸事情でアルベルゲは休業中だけれど、一家は元気に暮らしている。出来上がったこの本を持って行くから、ソフィア待っててね！ ジュリアンは……どこにいるか知らん！（笑）

部屋がひどい、トイレが遠い、働かされすぎ、食事が粗末……。ボランティア先についてはさんざん文句を言ってきた。でもいまの自分から、そんな当時の自分に言ってやりたい。

「あんた、確かにここの環境はよくないかもしれないけど、あんたがここでもらっているのはベッドと食事だけじゃないいんだよ。契約には書かれていない、〝友達〟っていうごほうびももらってるんじゃないか。それも〝タダ〟で！ しかも友達は、あんたがホステルを出て行ったあとも、あんたの人生を楽しくしてくれるんだよ。生涯保障だ！」

と。まぁ、そのことを肌で感じていたから、12軒もまわれたんだと思うけどね。

今年1月、そろそろまた日本へ帰ろうかというギリギリのタイミングで、パリからナポリへ飛んできてくれたのはフランス人のアレクシスだった。互いの年齢は親子ほど違うし、居場所も離れているのに、なぜかダチ関係が続いている私たち。ビール片手にピッツァをかじり、ナポリの町を徘徊していたら、たまたま入り込んだどこかのビルの階段の踊り場に、トレイの上にのせられた50人分ぐらいのティラミスが置かれていた。アレクシスは黙って手を伸ばしてそこからひとつとった。とるだろうなーとは思ったけど、やっぱりとったよ、あの男。そして通りに出てからふたりでそれに食らいついて、ゲラゲラ笑った寒い夜。

彼はひとつ大人になって26歳になり、最近、自分ひとりで不動産の事業を始めたという。これから数年間働いて、世界じゅうを旅したいのだと夢を語ってくれた。

「トモコごめん。僕、いままでキミに〝ラ・ヴィタ・エ・ベッラ（人生は素晴らしい）〟って言ってきたけど、間違ってたよ」

また何を言い出すのかと思ったら……。

「あのね、はっきり言って、人生はベッラ（素晴らしい）っていう言葉以上にベッラなんだ！」

だって。あはは、ケーキ泥棒がよく言うよ。

この本の企画を「わくわくする」とおっしゃって出版化を進めて下さった幻冬舎の菊地朱雅子編集長、久しぶりの執筆で緊張していた私を、楽しいほうへと導きながらアツくこの本に尽くして下さった編集の山口奈緒子さん、おふたりにはもう、感謝の言葉しかありません。6年もの時を経て、また本を発表させてもらえる日がくるなんて、やっぱり人生はベッラ以上にベッラ！

それから長いあいだ、私が書くのをじーーっと待っていてくれた心やさしい読者のみなさまにも、巡礼手帳にスタンプは押しませんがキス＆ハグ。

母の闘病で始まった私の40代前半の人生カミーノは、決して平坦ではなかったけれど、まわりの笑顔に支えられて今日まで歩いてこれました。エラソーなことは何も言えないけれど、もしいま、自分がやっていることに不安を感じながらゴールの見えない道を歩いている人がいたら、元オスピタレーラとしてはやっぱり言ってあげたい、「ブエン・カミーノ！」と。そして、

「大丈夫。自分を信じて、かわいがって、エイエイオーーーー！」

と。なんだか子供みたいだけど。

毎日が「マンマ・ミーア！」の連続だった、地中海（近郊）での住み込みボランティア

暮らし。優雅でロマンチックな地中海のイメージとはほど遠かったけれど、毎日たくさんの人たちと出会って、笑って、いろいろな言語で「ありがとう」を言い合って、こんなに変わったオモシロイ経験ってあるかよ。と、いまは愛しい気持ちでいっぱいです。

楽しくなったついでに、ペンネームも森知子からひらがなの〝もりともこ〟に変えてみました。みなさん今後ともよろしくお願いします。今後、世界のどこかの安宿の共同シャワーで、白髪染めをやっている日本人がいたら私かもしれませんから声をかけて下さいね。ボランティア中だったら、従業員専用のＷｉ－Ｆｉパスワードを教えますから♪

「マンマ・ミーア！」、意味は〝なんてこった〟〝オー・マイ・ゴッド〟。この本らしい言葉としてタイトルに選んでおきながら、もともとの意味については当たり前すぎてすっかり忘れていた。決定したあとでふと気がついて、すべてのつながりにハッとした。

マンマ（母）＋ミーア（私の）、〝私の母〟。

変な言い方かもしれないけれど、母が死んでいなかったら、ここに書いたすべてのことは起こっていなかったと思う。すべては母まりぽのさしがね。

東京下町の貧しい家に生まれながらも、やたらとハッピーな性格。定時制の高校に通っていた頃は、昼間の仕事の合間に児童福祉施設でボランティアをしていたという。「ボランティア」という言葉はたぶんその話をする母からきいたのがはじめてで、自分とまるで似ていない母の一面に驚いた。その母が、自分の死後から5年間にもおよぶこんな住み込みボランティア巡礼＋放浪執筆という、珍体験づくしのカミーノを私に用意してくれたのだ。「かわいい子には旅をさせろ」って言うけれど、かなりパンチが利いてたぜ。
最後に、そんな天国の仕掛け人にもこの場を借りてお礼を言わせて下さい。

マンマ・ミーア、お母さんありがとう！

2019年　春　ベトナムにて

もりともこ

マンマ・ミーア！ 解説と参考リンク

チャオ（やぁ）、エビバディ！ この本の舞台は地中海近辺となっている関係で、カタカナがいっぱい出てきたことに気づいたかな？ 巡礼やホステル・ボランティアの専門用語もたくさん。日本でなじみのない言葉には、文中に説明を入れたけれど、分からなくなった時はここを読んでおさらいしてね。グラッツィエ！

カミーノ・デ・サンティアゴ
CAMINO DE SANTIAGO

キリスト教徒の世界三大聖地のひとつである、スペインのサンティアゴ・デ・コンポステーラ大聖堂を目指す巡礼のこと。スペインでは通称「カミーノ」。カトリック教徒たちは1000年以上も昔から、スペイン北西部にあるこの聖地を目指してそれぞれの自宅から歩いていた。その道や道しるべはヨーロッパじゅうに残されていて、今日では世界じゅうから巡礼者たちが歩きにやってくる。巡礼の目的は宗教的理由にとどまらず、観光、体力的チャレンジ、自分探しなどさまざま。最近では「ハネムーン・カミーノ」「退職（失業）カミーノ」「卒業カミーノ」などという言葉もきかれるようになった。筆者の「離婚カミーノ」「死別カミーノ」のように、人生の仕切り直しをかねて歩きに来る人も多い。巡礼者たちはカミーノのシンボルであるホタテの貝殻をぶら下げて、アルベルゲと呼ばれる巡礼宿に泊まりながらひたすら歩く。歩き巡礼、自転車巡礼ともに巡礼者の数は年々増え続け、2017年の年間巡礼者数は30万人以上。次回の聖年、2021年（7月25日がサンティアゴの祝日）にはさらに多くの巡礼者が見込まれる。

アルベルゲ　ALBERGUE

スペイン語でホステルなどの簡易宿のこと。カミーノ・デ・サンティアゴの巡礼ゾーンでアルベルゲといえば、巡礼者のための宿を指す。アルベルゲは大きく分けると、①政府系の公共宿、②教会系宿、③私営宿の3種類。一部の私営宿をのぞいて、たいていの宿が早寝早起き必須で、シャワー・トイレ共同、キッチン共同、部屋は男女ミックスの大部屋になっている。泊まるためには巡礼手帳（クレデンシャル）が必要で、宿泊料は公共のアルベルゲがひとり1泊5〜8ユーロ、教会系は寄付制で食事がつくところが多い。私営は少し割高なかわりに、設備がよく規則もゆるめ。アルベルゲで働くスタッフは住み込みのボランティアが多く、夏は各国から志願者がやってくる。

オスピタレーロ　HOSPITALERO

カミーノ・デ・サンティアゴのアルベルゲで、ペレグリーノ（巡礼者）のために働くスタッフのこと。スペイン語は頭のHは発音しないため「オスピタレーロ」となる。女性の場合はオスピタレーラ。

オステッロ　OSTELLO

イタリア語でホステルや巡礼宿のこと。アルベルゴと言う場合もある。

北の道

カミーノ・デ・サンティアゴの大人気ルートである〝フランス人の道〟に比べると、巡礼者の数は10分の1に満たないものの、スペインの南から北上する「銀の道」や「ポルトガルの道」などと並んで年々注目を集めているルート。北の道という名の通り、道はスペインの北の沿岸部を、東のバスク地方から海に沿って西へ延びている。いくつもの半島を横切って山と海を行き来するため、アップダウンが激しいが自然好きにはおすすめ。中盤から、内陸へ入っていく〝カミーノ・プリミティボ（原人の道）〟と、そのまま海沿いを西へ進む〝カミーノ・デ・ラ・コスタ（海岸の道）〟とに分かれる。海岸の道を歩いた場合、バスク地方のイルンからサンティアゴ・デ・コンポステーラまで約854キロ。

■グラシアス　GRACIAS

スペイン語で「ありがとう」。

■グラッツィエ　GRAZIE

イタリア語で「ありがとう」。

シー　SI

イタリア語とスペイン語の返事「はい」。イタリア人もスペイン人も常にシーシー言っている。

チャオ！　CIAO!

イタリア語で「やぁ」「こんにちは」「バイバイ」。挨拶は全部これですむ。スペイン語でチャオ（CHAO）といえば「バイバイ」のみ。

ドミトリー　DORMITORY

英語でアルベルゲやホステルにおける相部屋のことを言う。略して「DORM（ドーム）」、日本人のバックパッカーには「ドミ」とも呼ばれる。「女子ドミ」「男子ドミ」「ミックスドミ」……。

ナポリターノ　NAPOLETANO

イタリア・ナポリの言語、ナポリの食べ物、ナポリの人（女性はナポリターナ）など、すべてのナポリ発のものにつけられる。本場の発音は「ナポレターノ」に近い。

フランス人の道

カミーノ・デ・サンティアゴの数あるルートの中で最も有名な、ユネスコの世界遺産にも登録されているルート。スペインとの国境に近いフランスの小さな町、サン・ジャン・ピエ・ド・ポーからピレネー山脈を越え、いくつもの中世の橋を越えて教会や修道院をめぐりながら西のサンティアゴ・デ・コンポステーラまで進む約８１０キロの道。スペインの豊かな自然と、文化を堪能できる道として注目度は高く、この道を題材にしたドキュメンタリーや映画も数多く発表されている。世界的にカミーノ・デ・サンティアゴといえばもう、このフランス人の道のことを指していると思ってもいい。

ブラボー　BRAVO

すごい、素晴らしい、やったね。イタリア語の場合、女性に対しては「ブラバー」となる。スペイン語は男女ともブラボー。

ペレグリーノ　PEREGRINO

スペイン語で巡礼者のこと。女性はペレグリーナ。イタリア語はPELLEGRINOで、発音もスペイン語と似ている。

ホデール！　JODER!

スペイン語のスラング。「なんだよ」「まいるぜ」「うわ、最悪」「勘弁して」などの意味。英語の「ファック」「ファック・ユー」と直接の意味は同じながら、もう少し軽い意味合いで、つぶやきや嘆きに使われることが多い。「すげーな」とか、相手をほめる時などにも冗談で使われる。

マンマ・ミーア！　MAMMA MIA!

驚きや喜び、びっくりした時、あきれた時などに使う「なんてこった！」「やったぜ！」「まったくもう！」「オー・マイ・ゴッド！」という意味のイタリア語。直訳は「私のお母さん」。母親に助けを求めたりする時の呼びかけにも使われたりする。スペインでは「マドレ・ミーア！（MADRE MIA!）」となり、同じくよく使われている。

■レセプション　RECEPTION

日本でいうホテルのフロント、受付。ホステルの玄関。

■ワサップ　WhatsApp

欧米で人気のソーシャルネットワークで、日本におけるＬＩＮＥのようなもの。ＬＩＮＥとの大きな違いはボイスメッセージ機能の手軽さで、文字入力派と同じぐらいボイス派も多い。イタリアやスペインで、歩きながら実況中継のごとくスマホのマイクを口にあてて喋っている人がいたら、それは間違いなくWhatsAppボイス中！

明日からキミもボランティア!? リンク集

HOSVOL（オスヴォル）

おもにカミーノ・デ・サンティアゴのアルベルゲを手伝うボランティア（オスピタレーロ育成）団体。スペインとイタリアの、教会運営かつ寄付制のアルベルゲと数多く連携している。筆者がこの団体から派遣されたのはエステーヤ（第2章）、ポンフェラーダ（第3章）、グラニョン（第6章）、ログローニョ（第7章）、アクアペンデンテ（第8章）。1回の任務は原則15日間（イタリアは7日間）。初心者は2泊3日の講習に参加したのちオスピタレーロデビューとなる。派遣先は「できればみんなで夕食をとるアルベルゲで、小ぢんまりしたところ希望」等リクエストもできるし、向こうからのオファーが気に入らなければ断ることもできる。興味がある人は、まず季節ごとに行われている講習スケジュールをチェック！

https://www.caminosantiago.org/cpperegrino/hospitaleros/

cursos.asp

■VIA FRANCIGENA（ヴィア・フランチジェナ）

イタリアの巡礼路、〝ヴィア・フランチジェナ〟の情報サイト。英語あり！　オステッロで働きたい人は、サイト内にある宿泊リスト（Accommodation）をチェックしてみよう。

https://www.viefrancigene.org/en/resource/blog/Webmaster/accoglienza-pellegrina-e-turistica/

■WORKAWAY（ワークアウェイ）

いまや、長期バックパッカーの常識になりつつある世界のボランティア検索サイト。行きたい国や都市名を入力するだけで、受け入れ先（ホスト）を見つけることができる。ボランティアの内容は、一般家庭のベビーシッターに始まり犬の散歩、子供の語学レッスン、農場なら野菜の収穫や小屋建築、ホステルやペンションなら掃除や受付、ペンキ塗りなどさまざま。1日の労働は最長5時間、休日は最低週2日と決められていて、期間は短いものだと1週間程度からある。労働のごほうびは、個室が与えられるのかドミなのか、食事はつくのかつかないのか、そのへんの細かい条件までチェックできるのもいい。ホストとコンタクトをとるためにはまず年間42USドル（2019年現在）の費用を払ってアカウントをとって自分のプロフィールを作成。希望のホストとのやりとりで話がまとまったら、あとは行くだけ。語学に関しては、「私に日本語を教えてくれる人募集」等以外は、現地語か、最低限の英語ぐらいはやっぱり必要かもね。
https://www.workaway.info